工藤 晃

マルクス
『資本論』の方法と
大混迷の世界経済

かもがわ出版

目次

マルクス『資本論』の方法と大混迷の世界経済

はじめに　7

第1章　『資本論』の方法への覚え書き　11

Ⅰ　『資本論』とヘーゲル論理学　13

　はじめに　13
　1　ヘーゲルの始元論　16
　2　ヘーゲルの分析論　18
　3　ヘーゲルの本質論　20

Ⅱ　マルクスの史的唯物論　25

　はじめに　25
　1　労働生産物の商品形態、商品の価値形態にはじまる史的唯物論的考察　27
　2　本源的蓄積と資本主義的生産様式の終末　31

Ⅲ　どの科学も研究はまず素材を詳細にわがものとしなければならない　36

第2章　大混迷の世界経済　41
── リーマンショック後のトランプ現象の流れ──

Ⅰ　リーマンショックの爆発　43

Ⅱ　リーマンショック後の不均衡の再拡大　49

    1　米多国籍企業のリーマンショック後の投資活動
      49
    2　米多国籍企業によるアジアでの雇用者急増　52
    3　新たな企業組織形態による海外直接投資を通
      じる米多国籍企業の税金逃れ　55

Ⅲ　リーマンショック後の米貿易収支赤字と雇用空洞化問題　59

    1　米商品貿易収支赤字の拡大　59
    2　米商品貿易収支赤字拡大と米国雇用空洞化　63

Ⅳ　現実資本の蓄積から乖離する"マネー資本"の蓄積、姿を変えたシャドウバンキングの膨張　68

    1　グローバル・マネーが世界GDPの4倍　68
    2　資本主義的生産の機能不全　70
    3　シャドウバンキングの新しい形での急膨張　72

Ⅴ　トランプ氏勝利以後、世界政治の不確実性の高まりと近づく金融危機の影　80

　　1　2015年、16年の金融的激震　80
　　2　今日注目すべきいくつかの点　81
　　3　世界政治の不確実性の高まり　85
　　4　「国家の形態でのブルジョア社会の総括」（マルクス）がくずれはじめた　90

第3章　多国籍企業の税金逃れ　95
　　──日本の現状を考える──

Ⅰ　多国籍企業の税金逃れのための企業構造　97

Ⅱ　途上国にとっての多国籍企業の税金逃れ　98

Ⅲ　広義の"オフショア"はさらに拡大　101

Ⅳ　日本の現状について　104

あとがき　109

はじめに

第 1 章について

　『資本論』の方法についての私の研究は、井尻正二氏との共著「社会科学と自然科学の方法」1977 年 11 月の作業に始まる。このテーマはその後も追ってきた。

　最近は「マルクス『資本論』とアリストテレス、ヘーゲル」2011年 7 月、「科学の方法論をめぐって——「マルクス『資本論』とアリストテレス、ヘーゲル」について（「現代帝国主義と日米関係」2013 年 7 月第Ⅲ章）などがある。

　今回、『資本論』第 1 巻を読み直して、新鮮な強い感銘を受けたところをまとめることにした。それは第 1 に、科学の方法論であり、第 2 に、史的唯物論であり、第 3 に、現状・実態調査へ熱い心をもって取り組むことである。

第 2 章について

　私はこれまで、21 世紀に入ってからの世界資本主義の大きな構造的変化、多国籍企業と国際金融資本がおしすすめるグローバリゼーションの新局面、リーマンショックの爆発に始まった世界的経済危機等々の新情勢への現状分析を追ってきた。

「カジノ資本主義を考える」（①〜④「赤旗」2007.10.10 〜 10.13）
「世界金融危機を考える」（①〜⑪「赤旗」2008.11.3 〜 11.15）
「資本主義の変容と経済危機」（2009.11　新日本出版社刊）

　リーマンショック後の世界的展開の調査もつづけてきた。
　「今日の世界資本主義と『資本論』の視点」（2014.12　本の泉社刊）
　「21 世紀の世界経済危機を考える」〔「マルクス『資本論』の視点
で 21 世紀世界経済危機の深部を探る」（2017.1　かもがわ出版刊）
に掲載〕

　今回の「大混迷の世界経済──リーマンショック後のトランプ現
象の流れ──」は、これまでの現状分析的作業のつづきである。

　私の問題意識は、第 1 に、リーマンショック後まもなく 10 年、
米国経済を中心として新たな危機的諸要因の展開を探ること。第 2
に、多国籍企業、国際金融資本の無規制状態に対して、勤労人民の
側からの規制を打ち出すために役立つと考えられる資料等を提示す
ることである。

第 3 章について

　「パナマ文書」、「パラダイス・ペーパーズ」などに対して、これ
まで国際的に広範な検討がおこなわれ、世界の多くの国々で、政界
や、財界のさまざまな騒動が広がるようになった。
　しかし、これらはまだ氷山の一角にすぎないというのが、今日の
ところの結論のようである。

私はここで、UNCTAD「世界投資報告書」2015年──多国籍企業の税金逃れ問題を特集した──をとりあげた。それは、これまで「タックス・ヘイブン」といわれてきた諸地域だけでなく、多国籍企業がつくるペーパーカンパニィを受け入れる「オフショアの投資ハブ」（ハブは活動の中心地）にも注目して調査をおこなっているからである。

　そして、日本からのこれらの国・地域への投資実態を調査して、日本の現状を検討した。

第1章

『資本論』の方法への覚え書き

Ⅰ. 『資本論』とヘーゲル論理学

はじめに——どの科学もすべてはじめはむずかしい

　『資本論』の記述は、「資本主義的生産様式が支配している諸社会の富は、『商品の巨大な集まり』として現われ、個々の商品はその富の要素形態として現われる。それゆえ、われわれの研究は、商品の分析から始まる」から始まる。（第1篇商品と貨幣　第1章商品　第1節商品の二つの要因——使用価値と価値〈価値の実体、価値の大きさ〉）

　『資本論』は商品の分析から始まるが、私はこのところで同時に、マルクスが記した序言（初版への）を念頭におくことが大切だ、と考えるようになった。

　「すべてはじめはむずかしいということは、どの科学にもあてはまる。だから、第1章、ことに商品の分析を収める節の理解はもっとも困難であろう。さらに立ち入って、価値の実体と価値の大きさとの分析にかんして言うなら、私はその分析をできる限り平易にした。価値形態——その完成した姿態が貨幣形態である——は、きわめて没内容であり、簡単である。とはいえ、人間精神は2000年以

第1章　『資本論』の方法への覚え書き　　13

上も前から、これを解明しようとして果たさなかった（注1）のであるが、他方、これよりはるかに内容豊富で複雑な諸形態の分析には、少なくともほぼ成功した。なぜか？　発育した身体は身体細胞よりも研究しやすいからである。そのうえ、経済的諸形態の分析にさいしては、顕微鏡も化学的試薬も役にたちえない。<u>抽象力が両者に取って代わらなければならない</u>。

　ところが、<u>ブルジョア社会にとっては、労働生産物の商品形態または商品の価値形態が経済的な細胞形態である</u>。素養のない者にとっては、この形態の分析はただいたずらに細かいせんさくをやっているように見える。この場合には細かいせんさくが肝要なのであるが、それはまさに、微細構造の解剖学でそのようなせんさくが肝要であるのと同じである。」（Ⅰa p.7, 8）

　マルクスは、<u>労働生産物の商品形態または商品の価値形態が</u>ブルジョア社会（資本主義的経済）にとって経済的な細胞形態である、とする。ここにはマルクス「資本論」の方法が凝縮されているように思う。そしてそこには、マルクスがヘーゲル論理学、弁証法からひきついだ方法がかくされている。

　（注1）「人間精神は2000年以上も前から、これを解明しようとして果たされなかった」について、マルクスは以下のように述べている。「最後に展開された等価形態の二つの独自性は、価値形態を、きわめて多くの思考形態、社会形態および自然形態とともにはじめて分析したあの偉大な探究者にまでわれわれがさかのぼるとき、さらにいっそう理解しやすいものとなる。その人は、アリストテレスである。

　　アリストテレスは、まず第一に、商品の貨幣形態は、簡単な価

値形態の、すなわち、なにか任意の他の商品による一商品の価値の表現の、いっそう発展した姿態にすぎないことを、はっきりと述べている。というのは、彼はこう言っているからである。「5台の寝台＝1軒の家」ということは、「5台の寝台＝これこれの額の貨幣」というのと「区別されない」と。」（Ⅰa p.101）
（マルクスのアリストテレスのこの問題の考察にかんする批判については、同上 p.101~103 参照）

第一点：「どの科学も、はじめはむずかしい」（マルクス）というところにはヘーゲルの「始元論」がある。ヘーゲル『大論理学』第1巻の「有論」の冒頭部分「何を学の始元とすべきか」（p.57~73）、および第3巻「概念論」の最後の部分、第3篇理念　第3章絶対的理念　Ⅱ方法論　1．始元論　2．弁証法　（p.358~366）のところである。

第二点：「経済的諸形態の分析にあたっては抽象力が必要（マルクス）というところでは、ヘーゲルの「分析論」がある。『大論理学』第3巻「概念論」　第3篇理念　第2章認識の理念　A真の理念　a分析的認識（p.304~308）のところである。ここでは分析は何度も掘り下げていかなければならないことを述べている。

第三点：経済的諸形態の分析のところでは、また、ヘーゲル『大論理学』第2巻「本質論」が重要である。ヘーゲル本質論の特徴は、<u>本質の規定を以下の三つの段階をふんで高めていく</u>ことである。

⑴　自己内部の各規定の中にとどまっているところの単純な、内的

な本質という規定。

(2)　定有の中に現れ出たものという規定、いいかえると、その実存（Existenz）と現象（Ersheinung）という面での規定。

(3)　実在する姿をあらわす本質、すなわち現実性（Wirklichkeit）としての規定。（第2巻本質論 p.7）

　マルクス『資本論』にかくされているヘーゲル「論理学」について、以下その内容について述べよう。

1．ヘーゲルの始元論

　第一点、ヘーゲルの始元論について見よう。
　ヘーゲルは、『大論理学』第2版の序文で次のように述べている。

（1）論理学は純粋な単純者、もっとも普遍的なもの、もっとも空虚なものから始めなければならない。
　論理学の最初の概念は有、無、成である。有と無の二規定は成の規定の契機として含まれる。

（2）根本的態度として、論理学の全構造の根底にある始元をまっ先に考究しておかなければならない。
　始元が確立されない以上一歩も前進することができない。
　始元はその萌芽の中に後の全展開をかくしているのであり、したがってこの萌芽について十分に処理しておくこと。（『大論理学』上巻の1 p.21）

ヘーゲルのこのくだりについて、レーニンは、『哲学ノート』で次のように記している。

　「諸カテゴリーは導き出されなければならない（それらは勝手に、機械的に採用されてはならない）（「物語り的」にでなく「断言的」にでなく、「論証的」に導き出されなければならない）、そしてそうするにあたっては、（その他のものはとらないで）もっとも単純なもの、基礎的なもの（有、無、成）から出発しなければならない——ここに、すなわち、これらのうちに、『この萌芽のうちに含まれている全発展』がある。」（同上書上巻 p.24）

　マルクスは先述したように、「ブルジョア社会にとっては、労働生産物の商品形態または商品の価値形態が経済的な細胞形態である」として、『資本論』第1巻を、第1部資本の生産過程　第1編商品と貨幣　第1章商品　から始めた。そして第1章は、第1節商品の二つの要因——使用価値と価値（価値の実体、価値の大きさ）、第2節商品に表される労働の二重性格、第3節価値形態または交換価値　Ａ簡単な、個別的な、または偶然的な価値形態（以下略）と展開する。

　マルクスの『資本論』のこのような展開に、われわれはヘーゲルの「始元論」の方法を見ることができる。

　以上、新しい理論体系をつくり出す場合に、「有、無、成」から始める意義について述べたが、ある一つの具体的なものに対する研究をする場合でも、「有、無、成」から始めることには、二つの意義があると思う。

① 研究者はある具体的なもの（定有）を研究対象とする場合でも、

第1章　『資本論』の方法への覚え書き　　17

それがどのように生成してきたかという問題があることを念頭にお
かなければならない。

② 研究者として大事なことは、物事に疑念をいだき、驚異を感じ
ること。そして、既成概念や教科書的なものを一度取り払った状態
にして、すなわちさまざまな規定を取りのぞいた有にもどして、そ
の正体を探ろうとすることである。

2．ヘーゲルの分析論

第二点、ヘーゲルの分析論について見よう。
ヘーゲルは、先述した『大論理学』第３巻の分析的認識 (p.304~308)
のところで、以下のことを明らかにしている。

① 分析は、対象の中に直接的に含まれているような概念規定を取
り出さなければならない。

② 分析は、このような概念規定の取り出しを一度やればそれで終
わりではない。
取り出された概念規定の中に含まれている具体的なものから再び
概念規定を取り出すこと。

さらに取り出された概念規定から、その中に含まれている具体的
なものから、概念規定を取り出すこと。
このような「分析の本源的行動の繰り返し」をつづけなければな
らない。

ここで、マルクスが商品の分析をどのようにおこなったかを見よう。

分析の1
　第一に、商品そのものが使用価値または財である。
　第二に、交換価値の素材的担い手である。

分析の2
　どの商品もさまざまな交換価値をもつ。

$$x 量商品 A = y 量商品 B$$
$$= z 量商品 C$$
$$= o 量商品 D$$
$$・・・・・・・・・・・$$

　交換価値の正体は？　なぜこのように現れるのか？　そこで共通物に還元するため、使用価値を捨象すると、労働生産物であるという属性だけが残る。
　交換価値の正体は、労働の結実である。

分析の3
　交換価値は労働の結実だというが、それは使用価値捨象の結果。だからそれは、商品Aの労働でも、商品Bの労働でも、商品C、商品Dの労働の結果でもない。使用価値をつくりだす労働の有用的性格がない労働である。
　したがって、交換価値の正体、価値は抽象的人間的労働の結実（対

第1章　『資本論』の方法への覚え書き　　19

象化）であるという価値の概念規定がとらえられる。

マルクスは、ここで同時に、商品生産労働の二重性格を明らかにする。「すべての労働は、一面では、生理学的意味での人間的労働力の支出であり、同等な人間的労働または抽象的人間的労働というこの属性において、それは商品価値を形成する。すべての労働は、他面では、特殊な目的を規定された形態での人間的労働力の支出であり、具体的有用労働というこの属性において、それは使用価値を生産する。」（Ⅰap.79）　すなわち、商品生産労働は、具体的有用労働と抽象的人間的労働との二重性をもつという、概念規定である。

このようにマルクスの商品分析の方法、分析の1、分析の2、分析の3という進行には、「分析は概念規定の取り出しを一度やればそれで終わりでなく、分析の本源的行為をくりかえさなければならない」という、ヘーゲルの分析論が浮かび上がってくる。

3．ヘーゲルの本質論

第三点、マルクスの商品の分析、価値形態の分析の展開にかくされているヘーゲルの本質論について見よう。

先述したように、ヘーゲル「本質論」の大きな特徴は、まず研究対象の内的本質を考察する段階から始めることである。その第1段階は「自己の内部の各規定の中にとどまっているところの単純な内的な本質という規定」である。

ヘーゲルは、この自己の内部にかくれされいる内的本質を考察する段階では、「自己と自己内他者との『相互媒介関係』を探る『反

省的思考』を働かせなければならない」という。

『資本論』は商品の分析から始まる。労働生産物が商品形態をとっている。したがって、商品にとっては、商品と商品を作り出す商品生産労働とが自己と自己内他者との関係である。

また、反省的思考とは、研究対象とした「定有」は何に媒介されてそれはあるかを探る思考方法である。

そして、マルクスは、商品分析、分析の1、分析の2、分析の3をとおして、商品と商品生産労働とを自己と自己内他者との関係とする反省的思考をすすめた。結果として、「価値は抽象的人間的労働の結実」であるという価値の本質規定と、「商品生産労働の二重的性格」という本質規定とを導き出したわけである。

マルクスは、労働生産物の商品形態または商品の価値形態を「ブルジョア社会の細胞形態」であるとした。そして、商品分析につづき商品の価値形態分析へと進む。

その場合も、価値形態のもっとも簡単な形態 ——「簡単な個別的な偶然的な価値形態」（マルクス）—— から始めることに、注目しなければならない。ここにも始元から始めなければならないという方法が見られるから。

商品一つひとつ取り出しておこなう商品分析では、商品を外からながめる時、使用価値と交換価値とは眼に見えるが、価値は眼に見えない。使用価値と価値との内的対立は商品のうちにかくされている。

しかし、x 量の商品 A＝y 量の商品 B という簡単な価値形態へ進

第1章　『資本論』の方法への覚え書き　　21

むと、商品の価値が外にあらわれ、また使用価値と価値との対立も外にあらわれるようになる。ここでは、一定量の商品Aの価値が商品Bの使用価値の一定量により表されている。

　左辺が相対的価値形態であり、右辺が等価形態であり、両極の形態をつくり出している。

　ここでマルクスが総括的に述べているところを引用しよう。

　「したがって、商品のうちに包み込まれている使用価値と価値との内的対立は、一つの外的対立によって、すなわち二つの商品の関係によって表わされ、この関係の中では、それの価値が表現されるべき一方の商品は、直接的にはただ使用価値としてのみ意義をもち、これに対して、それで価値が表現される他方の商品は直接的にはただ交換価値としてのみ意義をもつ。したがって、一商品の簡単な価値形態は、その商品に含まれている使用価値と価値との対立の簡単な現象形態なのである」（Ⅰap.105）。

　ここには、ヘーゲルの「本質の規定」の第1段階につづくその第2段階がある。マルクスは、「商品のうちに包み込まれている使用価値と価値との内的対立は、一つの外的対立によって、すなわち二つの商品の関係によって表わされ、……」と述べている。ここに、ヘーゲルが本質の規定の第2段階について、「二つの自立的全体性として措定されたものをその両面としてもつ本質的相関」（『大論理学』中巻 p.184,185）であるとし、その本質的相関の一つは「内面と外面との相関」（同上書 p.202~）であるとしているところが、くっきり浮かび上がる。

　最後に、ヘーゲル論理学についてひとことつけくわえておきたい。

それは、レーニンがヘーゲル「論理学」第三巻概念論（主観的論理学）の第3編第3章（最後の章）「絶対的理念」のところについて、「ここには観念論がない」と驚いていることである。

　レーニンは、「全般的な注意」として、次のようにのべている。「注目すべきことは、『絶対理念』にかんする章全体のうちで、神についてほとんど一語も語られていないということである。その上――この点に注意せよ―この章が特に観念論をふくんでいるということはほとんどなく、そこで主に取り扱われているのは弁証法的方法である。ヘーゲルの論理学の総括と要約、その最後の言葉と核心が弁証的方法であるということ――これは非常に注目すべき事だ。

　それにもう一つ注目すべきことは、ヘーゲルのもっとも観念論的な著作のうちには、観念論がもっとも少なく、唯物論が最も多いということである。これは『矛盾している』が、事実である！」（「哲学ノート」上巻 P238）

　以下、筆者自身、ヘーゲル「論理学」第三巻概念論の第3編第2章「認識の理念」のところで「唯物論」的と深く感じ入ったところをあげておきたい。

1、「分析的認識」について：

　「ここでは概念の活動性は、むしろただ次の点にある。すなわち自分自身に対して否定的な態度をとり、現に存在するものに対して自分を抑制して、受動的にし、そのことによってこの現に存在するものが主観によって規定されるのでなく、むしろ存るがままの自分を示し得るようにするという点にある。

　だからこの認識は、この前提においては決して論理的諸規定の適

第1章　『資本論』の方法への覚え書き　　23

用という形をとらない。むしろ現に見出されるものとしての諸規定の受容と把握という形をとる。したがって認識の活動性は、ただ主観的な障害物、外面的な殻を対象から取り除けてやることにのみ限られることになる。ところで、このような認識はすなわち分析的認識である。」（同上書 P304）

2，「総合的認識」の「定理」について：

「この定理の中に持ち込まれた具体的存在のいわゆる説明または証明が、一面からいえば同語反復であり、また一面からいえば真なる関係の混乱であることがわかる。

すなわちこの混乱こそかえって、経験を一面的に取り入れ、そのことによってはじめて自分の単純な諸定義と諸原則とを獲得することができたとするような認識の欺瞞をかくすのに役立っているということである。またこの混乱こそ、認識が経験を、その具体的全体性においてではなく、経験を単に例証として採用し、それもその経験を過程と理論とのために用い得るような側面から採用することによって、経験の方から来る反駁をさけようとするような認識の欺瞞をかくすのに役立つものだということである。

このように具体的な経験が前提された諸規定の下に従属させられることによって、理論の根底は曖昧なものにさせられる。（同上書P342、343）

Ⅱ. マルクスの史的唯物論

はじめに

　マルクスは『資本論』の序言（初版への）の中で、「私の立場」は「経済的社会構成体の発展を一つの自然史過程ととらえる」こと（Ⅰa p.12）と述べている。

　それは『資本論』に先立つ「『経済学批判』への序言・序説」の「序言」（1859年1月）で明らかにされている。

　マルクスは、「私の研究にとって導きの糸として役立った一般的結論は、簡単に次のように定式化することができる」として、おおよそ以下のことを述べている。

１. 人間は、かれらの生活の社会的生産において一定の必然的な、彼らの意志から独立した諸関係に入り込む。すなわち彼らの物質的生産力の一定の発展過程に対応する生産諸関係に入り込む。

２. これらの生産諸関係の総体は、社会の経済的構造を形成する。これが現実の土台であり、その上に一つの法的かつ政治的な上部構

第1章　『資本論』の方法への覚え書き　　25

造がそびえ立ち、社会的、政治的、および精神的生活過程全般を制
約する。

3．社会の物質的生産諸力は、その発展のある段階で、それまでそ
れらがその内部で運動してきた既存の生産諸関係と、あるいはそれ
の法律的表現にすぎない所有諸関係と、矛盾するようになる。これ
らの諸関係は、生産諸力の発展の諸形態からその桎梏に一変する。
そのとき社会革命の時期が始まる。

4．大づかみに言って、アジア的、古代的、封建的、および近代ブ
ルジョア的生産様式が、経済的社会構成体の進歩していく諸時期と
して特徴づけられよう。（注2）（宮川彰訳　p.14 ～ 16）
　なおここで述べられている「アジア的、古代的」の内容については、
マルクスは、「『経済学批判』への序言・序説」に先立つ「1857・58
年の経済学草稿」のⅢ資本に関する章の〔資本主義的生産に先行す
る諸形態〕のところで、詳細に論じている。（『資本論草稿集』2　p.117
～ 177）
　まず自然発生的な共同体組織にもとづく共同的土地所有から始ま
る。
　マルクスはその内容を、第1の形態（アジア的所有）、第2の形
態（ローマ的所有）、第3の形態（ゲルマン的所有）として、それぞ
れ検討している。
　また部族組織（共同体組織から生まれた）にもとづく所有から奴
隷制が生まれ発展することについて述べている。

　　（注2）これまで史的唯物論といえば、原始共同体、奴隷制社会、

封建性社会、資本主義社会、共産主義社会という経済的社会構成
体のあいつぐ発展段階という用語が使われてきた。

このような用語がいつから使われるようになったか、以前調べ
たところ、レーニンの「ア・ボグダーノフ『経済学小教程』の書評」
（1898年2月　『レーニン全集』④ p.42）から見て、ボグダーノフ
のこの書がもっとも早いのではないかと考えるようになった。

レーニンによると、「経済発展の過程」という篇で、「経済発展
のあいつぐ諸時代の特徴づけという形で、すなわち、原始的氏族
共産主義の時代、奴隷制の時代、封建制とギルドの時代、最後に
資本主義の時代というように叙述している。経済学はまさにこの
ように叙述されるべきである」と。

1　労働生産物の商品形態、商品の価値形態にはじまる史的唯物論的考察

『資本論』は、イギリスにおける資本主義の発達史をつつみこん
でいるだけでなく、人類社会の発展を自然発生的に生まれた共同体
に始まる経済的社会構成体の発展の歴史としてとらえる史的唯物論
の見地を「導きの糸」としている。

くりかえすが、『資本論』は「労働生産物の商品形態または商品
の価値形態が経済的な細胞形態である」として第1篇商品と貨幣
第1章商品からはじまる。

マルクスの史的唯物論的考察は、まず「労働生産物の商品形態」
を前提において商品の分析をはじめているところから見られる。

第1章　『資本論』の方法への覚え書き　　27

マルクスは、第1篇第2章交換過程で、原始的共同体間の直接的な生産物交換から始める。

(1)「<u>直接的な生産物交換は、一面では簡単な価値表現の形態をもっているが、他面ではまだそれをもっていない。</u>(注3)

この形態は、x量の商品A＝y量の商品Bであった。直接的な生産物交換の形態は、x量の使用対象A＝y量の使用対象Bである。<u>AとBという物は、ここでは、交換のまえには商品ではなく、交換を通してはじめて商品となる。</u>」（Ⅰa p.148）

「この譲渡が相互的であるためには、人々は、その譲渡されうる物の私的所有者として、相互に独立の人格として、相対しさえすればよい。しかし、互いに他人であるこのような関係は、<u>自然発生的な共同体の成員にとっては</u>——その共同体が、<u>家父長制的家族の形態をとっていようと、古インド共同体の形態をとっていようと、インカ国家などの形態をとっていようと</u>——実在しない。

<u>商品交換は、共同体の終わるところで、諸共同体が他の諸共同体または他の諸共同体の諸成員と接触する点で、始まる。</u>しかし、諸物がひとたび対外的共同生活で商品になれば、それらのものは反作用的に、内部的共同生活においても商品になる。

諸物の量的交換比率は、さしあたりはまったく偶然的である。

交換の不断の反復は、交換を一つの規則的な社会的過程にする。それゆえ、<u>時の経過とともに労働生産物の少なくとも一部分は、意図的な交換めあてに生産されざるをえなくなる。</u>

この瞬間から、一面では、<u>直接的必要のための諸物の有用性と交換のための諸物の有用性とのあいだの分離が確定する。</u>諸物の使用

価値は、諸物の交換価値から分離する。他面では、それらの物が交換され合う量的比率は、それらの物の生産そのものに依存するようになる。慣習はそれらの物を価値の大きさとして固定させる。」（Ⅰa p.149）

（注3）ここには、先述した「有・無・成」の始元論がある。異なる共同体の間で直接的な生産物交換がおこなわれるようになった——有。しかし、それはまだ商品交換ではない——無。だが、それは労働生産物の商品へのゆるやかな転化のはじまりである。——成。

（2）マルクスは諸共同体と他の諸共同体の間での直接的生産物交換にはじまり、労働生産物の商品への転化、商品生産の発展過程が進行すると、必然的に簡単な価値表現の形態からはじまり貨幣形態を生み出す過程が進行することを明らかにしている。

「直接的な生産物交換においては、どの商品もその所有者にとっては直接的に交換手段であり、その非所有者にとっては等価物である。もっとも、その商品がその非所有者にとって使用価値である限りでのことであるが。したがって、交換品は、それ自身の使用価値または交換者の個人的欲求から、独立した価値形態をまだ受け取っていない。この形態（それ自身の使用価値から独立した価値形態）の必然性は、交換過程に入り込む商品の数と多様性との増大とともに発展する。

課題はその解決の手段と同時に生じる。商品所有者が彼ら自身の物品を他のさまざまな物品と交換したり比較したりする交易（＝課題）は、さまざまな商品所有者のさまざまな商品がその交易の内部

第1章　『資本論』の方法への覚え書き　　29

で同一の第三の種類の商品と交換され、価値として比較されること（＝解決の手段）なしには、決して生じない。

　このような第三の商品は、他のさまざまな商品にとっての等価物となることによって、直接的に——たとえ狭い限界内においてせよ——一般的または社会的な等価形態を受け取る。」（カッコ内は筆者注）（Ⅰ a p.150）

　「商品交換がそのもっぱら局地的な束縛を打破し、それゆえ商品価値が人間的労働一般の体化物にまで拡大していくのと同じ割合で、貨幣形態は、一般的等価物という社会的機能に生まれながらにして適している商品、すなわち貴金属に移っていく。」（同上 p.151）

　（3）マルクスは、第4篇相対的剰余価値の生産　第12章分業とマニュファクテュア　第4節マニュファクテュア内部の分業と社会内部の分業のところで、（1）で論じた問題をふたたびとりあげている。

　「異なる諸家族・諸部族・諸共同体が接触する諸地点で、生産物交換が発生する。‥‥これら共同体の生産様式、生活様式、生産物は異なっている。この自然発生的な相違こそが、諸共同体の接触のさいに、相互の生産物の交換を、それゆえこれらの生産物の商品へのゆるやかな転化を、引き起こす。交換は、諸生産部面の区別をつくり出すのではなく、異なる生産部面を関連させ、こうしてそれらを、一つの社会的総生産の多かれ少なかれ相互に依存し合う諸部門に転化させるのである。」（Ⅰ b p.610）

　なおここで、エンゲルスは、第三版への注として、マルクスの史

30

的唯物論的考察について、以下のように記している。

「人類の原始状態にかんするその後のきわめて徹底的な研究によって著者の達した結論によれば、本源的には、家族が部族に発達したのではなく、その逆に、部族が、血族関係にもとづく人類社会の本源的な自然発生的形態であった。したがって、部族的きずなの解体が始まってから、あとになってはじめて、いろいろと異なる家族諸形態が発展したのである。」

2　本源的蓄積と資本主義的生産様式の終末

（1）マルクスは、第2篇貨幣の資本への転化の第4章貨幣の資本への転化、第3節労働力の購買と販売で、以下のことを述べている。ここにもマルクスの史的唯物論的考察がある。

「したがって、貨幣を資本に転化させるためには、貨幣所持者は商品市場で自由な労働者を見いださなければならない。ここで、自由な、というのは、自由な人格として自分の労働力を自分の商品として自由に処分するという意味で自由な、他面では、売るべき他の商品をもっておらず、自分の労働力の実現のために必要ないっさいの物から解き放されて自由であるという意味で自由な、この二重の意味でのそれである。

……とはいえ、一つのことは明らかである。自然は、一方の側に貨幣または商品の所有者を、他方の側に単なる自分の労働力の所有者を、生み出しはしない。この関係は自然史的関係ではないし、また、歴史上のあらゆる時代に共通な社会的関係でもない。それは明らか

第1章　『資本論』の方法への覚え書き　　31

に、それ自身、先行の歴史的発展の結果であり、幾多の経済的変革の産物、多くの過去の社会的生産の構成体の没落の産物である。」（Ⅰa p.289）

　マルクスはつづいて、次のことを述べている。

　「さきに考察した経済的諸カテゴリーもまた、自己の歴史的な痕跡を帯びている。商品としての生産物の定在のうちには、一定の歴史的諸条件が包み込まれている。商品になるためには、生産物は、生産者自身のための直接的な生活維持手段として生産されてはならない。もしわれわれが、さらに進んで、生産物のすべてが、またはその多数だけでも、商品の形態をとるのはどのような事情のもとにおいてであるかを探究していたら、それは、資本主義的生産様式の基礎上でのみ起こるということが明らかになったことであろう。」

　「しかし、生産物量の圧倒的大部分が直接に自家需要に向けられていて商品に転化していなくても、したがって社会的生産過程がその全体的な広さと深さの点でまだ交換価値に支配されていなくても、商品生産および商品流通は生じうる。

　商品としての生産物の出現は、最初は直接的交換取引に始まる使用価値と交換価値との分離がすでに実行されているところまで発展した社会内の分業を条件としている。しかし、このような発展段階は、歴史的にははなはだしく異なる経済的社会構成体に共通のものである。」

　「他方、貨幣を考察するならば、貨幣は商品交換の一定の発展段階を前提する。貨幣の特殊な諸形態——単なる商品等価物、または

流通手段、またはまたは支払手段、蓄蔵貨幣、世界貨幣——は、い
ずれかの機能の作用範囲の違いと相対的優越とに応じて、社会的生
産過程のきわめて異なる諸段階を示している。にもかかわらず、経
験によれば、これらすべての形態が形成されるためには、商品流通
の比較的わずかな発達で十分である。」

　「資本については事情は異なる。資本の歴史的な実存条件は、商
品流通および貨幣流通とともに定在するものでは決してない。資本
は、生産諸手段および生活諸手段の所有者が、みずからの労働力の
売り手としての自由な労働者を市場で見いだす場合にのみ成立する
のであり、そして、この歴史的条件は一つの世界史を包括する。そ
れゆえ、資本は、最初から社会的生産過程の一時代を告示する。」（Ⅰ
a p.290, 291）

(2)　マルクスが、資本の歴史的な実存条件を生み出したところの本
源的蓄積の過程の詳細記述は、『資本論』第 1 巻の一番最後のとこ
ろに配置していることは、驚くべきことと思う。
　第 7 篇資本の蓄積過程の第 23 章資本主義的蓄積の一般的法則に
つづく第 24 章いわゆる本源的蓄積である。（なお最後の第 25 章近代
植民論は、内容的には第 24 章を補足する比較的短い記述である。）

　マルクスは、まず「資本主義的生産様式の基礎をつくり出した変
革の序曲は、15 世紀の最後の三分の一期および 16 世紀の最初の数
十年間に演じられた」（Ⅰ b p.1224）として、イギリスでの農村民か
らの土地の暴力的収奪の歴史を述べている。
　つづいて、「暴力的な土地収奪で追い払われた人々（大量に浮浪

第 1 章　『資本論』の方法への覚え書き　　33

人などに転化した）は、凶暴な法律で、烙印を押され、拷問されて、賃労働制度に必要な訓練をほどこされた」（同上書 p.1257）歴史を述べている。

　また、「アメリカにおける金銀産地の発見、原住民の絶滅と奴隷化と鉱山への埋没、東インドの征服と略奪の開始、アフリカの商業的黒人狩猟場への転化、これらは資本主義的生産時代の曙光を特徴づけている。これらの過程は本源的蓄積の主要な契機」であると指摘している。（同上書 p.1280）

　「マニュファクチュア時代を通じて資本主義的生産が発展するにつれ、ヨーロッパの世論は羞恥心や良心の最後の残りかすまで失ってしまった。‥‥‥

　リヴァプールは奴隷貿易を基盤に大きく成長した。奴隷貿易は、リヴァプールにおける本源的蓄積の方法である。」（同上書 p.1294）

　そして、以下は結論的部分である。

　「資本主義的生産様式の『永遠の自然法則』に道を切り開き、労働者と労働諸条件との分離過程を完成し、一方の極では社会的な生産手段および生活手段を資本に転化させ、反対の極では人民大衆を賃労働者に、近代史のこの芸術作品である自由な『労働貧民』（この『労働貧民』という表現は、当時のイギリスでは〝labouring poor〟—21 世紀日本では〝ワーキングプアー〟）に、転化させるには"このような骨折りを必要とした"のである。もしも貨幣がオジェ（『公信用について』パリ、1842 年の著者）の言うように、『頬にはじめから血斑をつけてこの世に生まれてくる』のだとすれば、資本は、頭から爪先まで、あらゆる毛穴から、血と汚物とをしたたらせながらこ

の世に生まれてくる。」（同上書 p.1295）

　（3）　先述したように、マルクスは『資本論』第1巻の最後のところ、第24章本源的蓄積の第7節「資本主義的蓄積の歴史的傾向」で、本源的蓄積に始まり、資本の蓄積過程が資本主義的生産そのものの内在的諸法則の作用によって、資本主義的生産様式の終末にいたる必然性、およびそれにかわる新しい生産様式が生み出される必然性を結論として述べている。

　「資本主義的私的所有の弔鐘が鳴る。収奪者が収奪される。
　資本主義的生産様式から生まれる資本主義的取得様式は、それゆえ資本主義的な私的所有は、自分の労働にもとづく個人的な私的所有の最初の否定である。しかし、資本主義的生産は、自然過程の必然性をもってそれ自身の否定を生み出す。これは否定の否定である。
　この否定は、私的所有を再建するわけではないが、しかし、資本主義時代の成果——すなわち、協業と、土地の共同占有ならびに労働そのものによって生産された生産手段の共同占有——を基礎とする個人的所有を再建する。
　諸個人の自己労働にもとづく分散的な私的所有の資本主義的な私的所有への転化は、もちろん、事実上すでに社会的生産経営にもとづいている資本主義的所有の社会的所有への転化よりも、比較にならないほど長くかかる、苦しい、困難な過程である。まえの場合には少数の横奪者による人民大衆の収奪がおこなわれたが、あとの場合には人民大衆による少数の横奪者の収奪がおこなわれる。」（同上書 p.1301）

第1章　『資本論』の方法への覚え書き　　35

Ⅲ. どの科学も研究はまず素材を詳細にわがものとしなければならない

　マルクスは、『資本論』のあとがき（第2版への）で「私の方法」について、次のように述べている。

　「もちろん、叙述の仕方は、<u>形式としては</u>、研究の仕方と区別されなければならない。研究は、<u>素材を詳細にわがものとし</u>、<u>素材のさまざまな発展諸形態を分析し</u>、<u>それらの発展諸形態の内的紐帯をさぐり出さなければならない</u>。
　この仕事を仕上げてのちに、はじめて現実の運動をそれにふさわしく叙述することができる。」（Ⅰa p.28）
　ここでは、マルクスが研究はまず「素材を詳細にわがものとしなければならない」と述べている点に注目しよう。

　マルクスは、驚くべき熱意をこめて、イギリスの政府や議会の経済事情にかんする調査資料や社会統計などを手元に集め、あるいは長い時間をかけて大英博物館で書き写していた。
　それは膨大な量の資料であった。ポール・ラファルグによると、議員たちにとって青書は、射撃の的にして、何ページ貫通したかと

いうことで武器の性能をたしかめるために使うか、目方売りで売り
とばすかといった代物にすぎなかった。そのおかげで、マルクスは、
紙屑屋から青書を安く入手することができたし、「マルクスはイギ
リス官庁調査をもっともよく利用した人、いなそれを世界に知らせ
た人」と、当時からそのことで有名だったとのことである。

　マルクスは、次のように、イギリスの社会統計や経済調査資料な
どを高く評価した。

　「イギリスの社会統計に比べると、ドイツやその他の西ヨーロッ
パ大陸のそれは貧弱である。
　もしわれわれの政府や議会が、イギリスにおけるように経済事情
にかんする定期的な調査委員会を設置し、これらの委員会が、真実
の探求のために、イギリスにおけると同じ全般の権限を与えられ、
この目的のために、イギリスの工場監督官や、『公衆衛生』にかん
する医事報告書や、婦人および児童の搾取にかんする、住宅状態や
栄養状態にかんする調査委員たちと同じような、専門知識があり不
偏不党で容赦しない人々をみつけ出すことができるならば、われわ
れは自分自身の状態にぞっとするであろう。」（同上書 p.10,11）

　マルクスがイギリスのこのような調査をおこなった人々にどのよ
うな敬意を払っていたか、たとえば工場監督官の一人、レナド・ホー
ナーについて、次のようにたたえている。

　「レナド・ホーナーは、1833 年の“工場調査委員”の一人であり、
1859 年までは工場監督官、実際上は工場監察官であって、彼は、

第 1 章　『資本論』の方法への覚え書き　　37

イギリスの労働者階級のために不滅の功績を立てた。彼は、憤激した工場主にたいしてだけでなく、工場における『工員たち』の労働時間を数えることよりも下院における工場主たちの『票』を数えることのほうがはるかに重要だと思っている大臣たちにたいしても、生涯にわたる闘争を遂行したのである。」（同上書 p.382）

　マルクスは自分が使用した資料について、次のように述べている。このところは、マルクスの諸資料への思いを伝えており、大事だと思う。

　「イギリスにおける大工業の発端から1845年までの期間については、私はところどころでふれるだけにとどめ、これについては読者に、フリードリヒ・エンゲルスの『イギリスにおける労働者階級の状態』1845年を参照していただくことにする。エンゲルスが資本主義的生産様式の精神をどんなに深く把握していたかは、1845年以来出版されている工場報告書、鉱山報告書などが示しており、また、彼がどんなにおどろくほどくわしくその状態を描き出したかは、彼の著書と、18年ないし20年後に公表された『児童労働調査委員会』の公式の報告書(1863—1867)とを、ざっと比較しただけでもわかる。すなわち後者の報告書が取り扱っているは、1862年まではまだ工場立法が実施されておらず、部分的には今なお実施されていない産業部門なのである。したがって、これらの諸部門では、エンゲルスによって描写された状態に多少とも大きな変更が外部から押しつけられることはなかった。

　私は、主として1848年以後の自由貿易時代、すなわちほら吹きで学問的にはでたらめな自由貿易行商人たちが、ドイツ人にたいしてファウハー（ドイツの俗流経済学者）ばりに実にたくさんの作り

話をしゃべりまくるあの楽園時代から、私の例を借りてくることにする。——いずれにしても、ここでは<u>イギリスだけが前面に立ち現れる。なぜなら、イギリスが資本主義的生産を典型的に代表しており、しかもイギリスだけが、取り扱われる対象についての公式の継続的な統計をもっている</u>からである。」（同上書 p.409, 410）

「工場監督官報告書」は、「資本論」第 1 巻の中で数多く引用されている。同報告書の 1841 年から 1863 年までの 22 部の報告書である（同報告書は年 2 回発表された）。

「児童労働調査委員会報告書」は、第 1 次報告書 1863 年から第 5 次報告書 1866 年までの 5 部が引用されている。

「公衆衛生に関する報告書」は、第 4 次報告書（1861 年）、第 6 次報告書（1864 年）、第 8 次報告書（1866 年）が引用されている。

その他「鉱山特別委員会報告書……証言記録付」（1866 年 7 月 23 日）、「下院の要請に対する報告」（1856 年 4 月 15 日、1861 年 4 月 24 日、1867 年 12 月 5 日）、などが引用されている。

とくに第 3 篇絶対的剰余価値の生産　第 8 章労働日では、マルクスは、「しばらく、われわれは工場監督官たちのいうところを聞こう。」（同上書 p.409）「工場監督官レナド・ホーナーは、自分みずから、ランカシャーの工場で多くの証人審問をおこなった。」（同上書 p.490, 491）などと述べている。

そして、同章の総計 167 ある注のうち、「工場監督官報告書」が

第 1 章　『資本論』の方法への覚え書き　　39

計 63 の注、「児童労働調査委員会報告書」が計 19 の注、合計すると 82 の注で引用されている。ほぼ二分の一を占めている。

　第 4 篇相対的剰余価値の生産　第 13 章機械と大工業について見よう。

　同章の総計 325 ある注のうち、「工場監督官報告書」が計 61 の注、「児童労働調査委員会報告書」が計 46 の注、「公衆衛生に関する報告書」が計 11 の注、合計すると 118 の注で引用されている。三分の一以上を占めている。この他、鉱山青書「鉱山特別委員会報告書……証言記録付」（1866 年 7 月 23 日）があり、初版から注であったものを、エンゲルスが第 4 版から本文に組み入れたところが、新日本出版社版のページ数にして計 12 ページある。

　今日われわれが、経済問題を論じようとするならば、マルクスから学び、国内だけでなく、世界のどこに有意義な調査資料、社会統計等があるか、くまなくさがし出し、入念に検討し、「素材を詳細にわがものとする」ことからはじめなければならないと思う。（「現代帝国主義研究」1998 年参照）

第2章

大混迷の世界経済
——リーマンショック後のトランプ現象の流れ——

Ⅰ. リーマンショックの爆発

<u>1990 年代後半から米国経済をめぐり三つの経済的不均衡が急激に拡大するようになった。</u>

　その第 1 は、米国ウォール街の巨大銀行と巨大投資銀行が勢ぞろいして、それにヨーロッパの巨大銀行も加わって、暴走させた金融ギャンブル。

　リーマンショック（2008 年秋）の前年、イングランド銀行の「金融安定性報告書」2007 年 4 月は、米欧の巨大複合型金融機関（LCFI）として 15 社をリストアップして、かれらの新しいビジネスモデルをとりあげた。それは originate（証券を発行し、市場へ送り出す）and distribute（引受証券を投資家へ販売する）であると。

　イングランド銀行があげた巨大金融機関が勢ぞろいして、サブプライムローンを取り混ぜるさまざまなローンをオフショア金融センターにつくる特別目的会社（SPEs）に買いとらせ、さまざまな金融商品を組成して売り出し、それらの取引きをめぐる金融ビジネスを大きくしていった。それはどこからも規制されることのない " 闇の

第 2 章　大混迷の世界経済　　43

中での金融商品づくり"、"闇の中での金融取引"——新型のシャドウバンキング——であった。

米国の経済学者ジョセフ・E・スティグリッツは、次のように指摘している。

「私にいわせれば、透明性の問題は"ペテンの問題"である。アメリカの銀行は詐欺的な活動にいそしみ、だれも適切な評価ができないよう、リスク資産をバランスシートから外してしまった。かれらは気が遠くなるような規模のペテンをくりひろげてきた」と。(スティグリッツ「フリーフォール」2010年2月 p.227)

リーマンショック発生直後のIMF「金融安定性報告書」2008年10月によると、この新型の金融取引にかかわるローンと証券の合計額は23兆2100億ドル、それは米国の2007年のGDP13兆8076億ドルを大きくこえてふくれ上がっていた。(「資本主義の変容と経済危機」p.44,45)

その第2は、米日欧先進資本主義国の経済成長の低迷、国内での投資の鈍化とは対照的に、米日欧多国籍企業の海外直接投資(FDI)は急増し、グローバルなFDIの大波(サージ)をつくりだすようになったこと。

1994年から2000年までに、G7の固定資本形成は30%増に対し、FDIフローは約4倍増。

この第1のFDIの大波は、2001年のITバブルの崩壊、同年の9.11事件によって途切れたが、すぐに第2のFDIの大波があらわれた。

2002年から2007年までにG7の固定資本形成は26%増に対し、FDIフローは3.6倍増。

その第3は、米国の国際収支の赤字。それは70年代から慢性的につづいてきたが、90年代後半から急拡大へ進路転換した。

　91年～95年、年平均約マイナス700億ドルから、2000年はマイナス4100億ドル、2006年はマイナス8070億ドルへ。10年間で10倍をこえた。

　米国の国際収支赤字のこのような暴発的拡大の要因として、ブッシュの戦争による米戦費の海外支出増もあげられるが、何よりもこの間の米多国籍企業がおしすすめた海外生産の急拡大が最大の要因である。

　米多国籍企業は、米国の世界的に強さを発揮してきた輸出産業（化学・薬品、自動車、電機など）の大企業が前身であることが多い。その外国市場向け生産を海外生産に移すことにより、米国からの輸出をおとろえさせることになる。それは「輸出代替効果」とよばれる。これに海外子会社からの「逆輸入効果」が加わり、米国の貿易収支を悪化させる。（「現代帝国主義研究」p.266,267）

　94年、米多国籍企業の海外子会社の売上高1兆7550億ドル。それは同年米国の商品・サービス輸出7030億ドルの2.5倍。またこの海外子会社の売上高のうち1300億ドルは米国への商品輸出、すなわち海外子会社からの逆輸入である。そしてこの逆輸入は、同年の米国商品・サービス貿易収支赤字、マイナス980億ドルを上まわっていた。

　2004年になると、海外子会社の売上高は3兆9760億ドルとなり、同年米国の商品・サービス輸出1兆1620億ドルの3.4倍に。また

第2章　大混迷の世界経済　　45

海外子会社からの商品逆輸入 2600 億ドル。同年米国の商品・サービス貿易収支赤字はマイナス 6100 億ドルであり、逆輸入だけでは説明のつけられない増大となった。

90 年代まででは、黒字国日本が、米ドルを米国に還流させる（米国債の購入などで）ことで、米国の赤字のうめあわせをする役を背負わされてきた。

しかし、日本経済が「失われた 20 年」で落ちこんだだけでなく、すでに述べたような米国国際収支赤字の暴発的拡大の局面になると、一転して、米国を史上最大の賭博場にしてばく大な投機マネーを国内によびこむという姿態をとるようになった。

以上述べたように、21 世紀に入ってからにわかに米国経済にあらわれた三つの経済的不均衡の急拡大は、それら三つが相互に内的関連をもって進行した。

そこで、リーマンショックに始まった世界的経済危機は、市場最大の世界的金融危機の爆発から始まったものではあるが、それは金融危機による信用の大収縮を契機に世界的過剰生産恐慌の同時爆発となった。

「ブルジョア的生産のすべての矛盾は、一般的世界市場恐慌において集合的に爆発する」（マルクス「資本論草稿集」6 p.569）が 21 世紀に入って全く新しい形をとってあらわれた。（「21 世紀世界経済危機の深部を探る」p.17,18）

なおマルクスは、生産恐慌・商業恐慌と貨幣恐慌との関連について、次のように述べている。

「現実の支払いが行なわなければならない限りでは、貨幣は流通手段として、すなわち素材変換のためのただ一時的媒介的な形態として登場するのではなくて、社会的労働の個別的な化身、交換価値の自立的定在、絶対的商品として登場する。この矛盾は、生産恐慌・商業恐慌中の貨幣恐慌と呼ばれる時点で爆発する。

貨幣恐慌が起きるのは、諸支払いの過程的な連鎖と諸支払いの相殺の人為的制度が十分に発達している場合だけである。」（Ⅰa p.232）

なおマルクスは、貨幣恐慌は二種類あることを注99で、次のように明らかにしている。

「本文ですべての全般的生産・商業恐慌の特殊的局面として規定されたこの貨幣恐慌は、同じく貨幣恐慌と呼ばれるが、自立的に生じる。したがって商工業には反作用的にのみ作用する特殊な種類の恐慌とははっきり区別されなければならない。

後者は、貨幣資本を運動の中心とし、それゆえ銀行、取引所、財政金融界をその直接の部面とする恐慌である。」（同上書 p.233）

あらためて、リーマンショックについてのべよう。

1．90年代後半以後、米国の巨大金融機関を中心に、米国金融市場での史上最大の金融バブルの膨張と、米、欧、日多国籍企業のグローバル投資の巨大な高波とが、ならんで進行した。

2．リーマンショックは、米国の貨幣資本を運動の中心として引き起こされた、未曽有の金融危機による信用の大収縮（注1）、それはまた、現在でも国際基軸通貨である米ドルの貨幣恐慌であることから、世界的過剰生産恐慌の引き金を引くことになった。

第2章　大混迷の世界経済　　47

（注1）米国の国際収支表（60頁、図2）からこのときの信用の大収縮を見ると：

米国への対内投資流入は、01年7900億ドルから07年2兆1800億ドルへ大膨張。それが08年4500億ドル、09年3200億ドルと大収縮。米国からの対外投資流出は、01年3900億ドルから07年1兆5700億ドルへ大膨張、それが08年マイナス3100億ドル、09年1300億ドルと大収縮。

Ⅱ　リーマンショック後の不均衡の再拡大

　リーマンショックから間もなく 10 年になろうとしている。この世界的経済危機により米国経済をめぐる三つの不均衡がどこまで解消したのか、あるいはその後再拡大したのかどうか、検討しなければならない。

1　米多国籍企業のリーマンショック後の投資活動

　米多国籍企業の動向は米商務省経済分析局のベンチマーク・サーベイ（注 2）により詳しく見ることができる。

　1994 年から 2004 年までの 10 年に、米親会社が売上高を 90％増やし、純利益（税引後利益）を 3.1 倍増やしたのに対して、かれらの海外子会社は、売上高を 2.3 倍に増やし、純利益を 5.5 倍に増やしている。
　2004 年から 2014 年までの 10 年は、リーマンショックの大波乱を間にはさむが、その間、米親会社が売上高を 70％弱増やし、純利益を 2.1 倍増やしたのに対して、海外子会社は売上高を 90％弱増

第 2 章　大混迷の世界経済　　49

やし、純利益を 2.5 倍に増やしている。

1994 年から 2014 年までの 20 年をとおして見ると、親会社が売上高を 3.2 倍に増やし、純利益を 6.4 倍に増やしたのに対して、海外子会社は売上高を 4.2 倍に増やし、純利益を 13.7 倍に増やしたことになる。

このような傾向がリーマンショックをはさんで今日まで続いていると見ることができる。

次に親会社、海外子会社のこの 20 年間の雇用者数の動向を見ると、親会社が 40％増に対し海外子会社は 2.3 倍増である。今日米国で雇用問題が重大な政治問題となっている時、米国独占資本そのものがこのような流れをつくり出していることを、まず押さえておく必要があるだろう。(表 - 1)

（注2）この文でとりあげる米商務省経済分析局（U.S. Department of Commerce Bureau of Economic Analysis [BEA]）ベンチマーク・サーベイ（Benchmark Survey）は、1994、1999、2004、2009、2014 年などと 5 年ごとの各年である。題名は 2009 年までは "U.S. Direct Investment Abroad"、2014 年 は "Worldwide Activities of U.S. Multinational Enterprises" に変更。

筆者が米商務省経済分析局のベンチマークサーベイを注目するのは、それが今日まで世界最大の対外直接投資国の統計であるだけではなく、それが世界の資本輸出国の中で、唯一の多国籍企業にかんする詳細な調査資料を提供してきたからである。

この統計は、米国の 1945 年「ブレトンウッズ協定法」にもとづ

50

く1950年、1957年、1966年のベンチマークサーベイにはじまり、その後、法律の変更があるが、数年おきに、すべての米多国籍企業に対する強制力を持った調査としてつづけられてきた。

2004年のベンチマークサーベイのメソドロジイによると、「完全かつ正確なデータを得るため、『インタナショナル・インベストメント・アンド・トレード・イン・サービシス・サーベイ法』にもとづく強制力をもっておこなわれた」とのことである。

表 - 1　米多国籍企業の親会社と海外子会社との長期的動向（1994年—2014年）

A 親会社　　B 海外子会社　（10億ドル、1000人）

	売上高		利益*		雇用	
	A	B	A	B	A	B
1994 年	3,957.1	1,754.8	190.1	94.0	18,947.4	6,957.7
A/B	2.3 倍		2.0 倍		2.7 倍	
2004 年	7,522.9	3,976.3	581.8	518.9	22,445.9	10,445.3
A/B	1.9 倍		1.1 倍		2.1 倍	
20014 年	12,606.9	7,417.2	1,213.2	1,290.9	26,559.7	15,836.7
A/B	1.7 倍		0.9 倍		1.7 倍	

	売上高		利益*		雇用	
	A	B	A	B	A	B
1994~2004	+90.1%	+126.6%	3.1 倍	5.5 倍	+18.5%	+50.1%
2004~2014	+67.6%	+86.5%	2.1 倍	2.5 倍	+18.3%	+51.6%
1994~2014	3.2 倍	4.2 倍	6.4 倍	13.7 倍	1.4 倍	2.3 倍

＊利益 -Netincome=「税引利益」

第2章　大混迷の世界経済　　51

以下、いくつかの注目すべき点について述べよう。

2 米多国籍企業によるアジアでの雇用者急増

米多国籍企業が1994年、2004年、2014年、それぞれの時点で海外子会社の雇用者数の地理的構成をどのように変動させてきたか、図−1が示している。

さらにその流れを数値的に示したのが表−2である。

図−1 米海外子会社の雇用者数の地理的構成

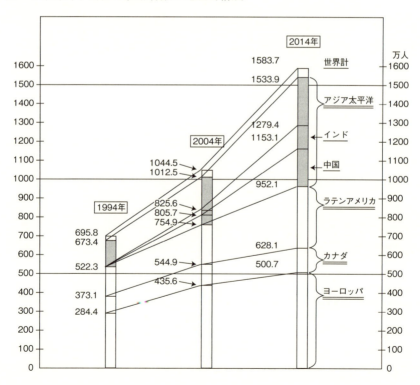

表2　米多国籍企業は世界のどこで雇用を拡大させたのか？（1994年～2014年）

1000人

	1994		2004		2014		94~14 増加数	
		%		%		%		%
全世界	6,957.7	100.0	10,445.3	100.0	15,836.7	100.0	8,879	100.0
カナダ	886.7	12.7	1,137.2	10.9	1,274.2	8.0	387.5	4.4
ヨーロッパ	2,844.3	40.9	4,355.8	41.7	5,007.1	31.6	2,162.8	24.3
ラテンアメリカ	1,492.2	21.4	2,055.9	19.7	3,239.9	20.5	1,747.7	19.7
メキシコ	706.3	10.2	1,052.1	10.1	1,527.4	9.6	821.1	9.2
アフリカ	115.0	1.7	220.6	2.1	314.5	2.0	199.5	2.2
中東	83.7	1.2	100.0	1.0	183.4	1.2	99.7	1.1
アジア太平洋	1,511.4	21.7	2,575.8	24.7	5,817.6	36.7	4,306.5	48.5
中国	84.0	1.2	508.3	4.9	2,010.1	12.7	1,926.1	21.7
香港	96.6	1.4	140.1	1.3	141.2	0.9	44.6	0.5
台湾	62.7	0.9	88.9	0.9	108.2	0.7	45.5	0.5
インド	47.2	0.7	198.9	1.9	1,263.4	8.0	1,216.3	13.7
日本	419.6	6.0	552.3	5.3	521.5	3.3	101.9	0.1
オーストラリア	251.0	3.6	332.9	3.2	379.1	2.4	128.1	0.1

94年発効
NAFTA 13.6%

アジア・太平洋
48.5%

中国＋インド
35.9%

　第2次大戦後、米多国籍企業の海外直接投資（FDI）は、米主導で"先進国クラブ"としてつくられたOECDのメンバー諸国と、米国の勢力圏下にあったラテン・アメリカ諸国中心に展開した。1994年を見ても、ヨーロッパ、カナダ、ラテン・アメリカとアジア・太平洋では日本とオーストラリア、以上合計で85％を占めている。

　ところが2004年から2014年への展開を見ると、その間の増加できわだっているのはアジア・太平洋であり、総増加数の50％近い。

そしてその大部分は中国 21.7％、インド 13.7％、計 36％である。

この米海外子会社の雇用者数の地理的構成の変化から、米独占資本が、世界の工場に躍進した新興工業国であり、高成長をつづけており、中国、インドそれぞれは 10 億人をこえる人口をかかえる巨大市場であり、世界的には低賃金国である等々の条件をかねそなえた国々への投資の流れをいちじるしく強めたことが、見られる。

今日、米巨大企業の国内での雇用者減らしの点では、次の最新の事情をつけ加えなければならない。

UNCTAD「世界投資報告書」2011 は、「非株式所有型国際的生産」（ノン・エクイティ・モーズ・オブ・インタナショナル・プロダクション）を特集している。それは IT 産業、自動車部品、衣服、はきもの等でひろがっている。

米国などの巨大企業は、新商品の研究・開発と販売・サービスに特化して、工場生産は海外の受託生産者に分担させる形式をとるようになった。

このような新しい"ノン・エクイティ・モーズ"は、本国の雇用を増やさない効果の点では、従来の多国籍企業の"輸出代替効果"をはるかに上まわる。

21 世紀に入り IT 革命の急スピードの進行によって、米国に"ニュー・モノポリイ"が現れた。それらの企業はつい最近までの米多国籍企業上位メンバー外の新メンバーである。

世界的データ独占のうえに、世界最大の利益、世界最高の株式時価総額をもっておどり出たのは、アップル、マイクロソフト、アルファベット（グーグル）、フェイスブック、アマゾンの 5 社である。

54

2016 年、5 社の雇用者総計 66 万人、うち米本国内は 29 万人にすぎない。なお、アップルの雇用者数は米国内・海外合わせて 11 万 6000 人。アップルの i-phone の組み立てをおこなう台湾（中国）の鴻海の雇用者数はその 10 倍近い 106 万 1500 人（2015 年）である。（UNCTAD World Investment Report 2016 年 付表 24、付表 25 による）

　なおこれら "ニュー・モノポリィ" の多くが UNCTAD WIR の世界上位 100 社に入ってくるのはごく最近のこと。2016 年の世界の上位 100 社リストは本文の最後（p.94）に掲げた。

3　新たな企業組織形態による海外直接投資を通じる米多国籍企業の税金逃れ

　UNCTAD「世界投資報告書」2015 年は、多国籍企業の税金逃れ問題特集である。

　「要するに FDI によって形成される企業組織の形態は、多国籍企業にとっての税金逃れのエンジンであり、利益移転の燃料である。北米の企業が、アジアで新しい製造工場をつくろうとする時、国際税制上の理由から、ヨーロッパのどこかをくぐらせてゆかせるだろう。」（同上 p.188）

　今日全世界的問題となっている多国籍企業の税金逃れ問題については第 3 章で述べる。ここでは、もっぱら米多国籍企業の税金逃れ問題を取り上げる。

　米国のベンチマーク・サーベイから米多国籍企業についてこの問題を探ることができる。

　2014 年、米多国籍企業の海外子会社を、タックス・ヘイブンお

第 2 章　大混迷の世界経済　　55

表－3　米多国籍企業の税逃れ投資 2014 年（10 億ドル）

	9 ヶ国・経済		その他		世界計	
総資産	11,193.4	44.8%	13,808.9	55.2%	25,002.3	100.0%
雇用者（1,000 人）	1,024.4	7.4	12,777.7	92.6	13,802.1	100.0
売り上げ	1,895.6	29.5	4,526.1	70.5	6,421.7	100.0
株式投資所得	535.2	70.3	226.3	29.7	761.5	100.0
純利益	741.3	62.6	442.3	37.4	1,183.6	100.0
所得税率	2.3%		21.4%		10.4%	

よびオフショア金融センターである「9 か国・経済」と「その他」に二分する。

　「9 か国・経済」とは、ベルギー、アイルランド、ルクセンブルグ、オランダ、スイス、パナマ、「その他西半球」、香港、シンガポール。「その他西半球」には、バミューダ、ドミニカ共和国、カリブ海域英領諸島などが含まれる。

　表-3 によると、雇用者数では世界総計の 7.4％にすぎないこの「9 か国・経済」に、総資産の 45％が、株式投資所得の 70％が、純利益の 63％が集中している。

　所得税率を〔所得税／税引利益＋所得税〕とすると、「9 か国・経済」では 2.3％。「その他」の国々の所得税率は 21.4％。両者合わせた海外子会社の総計で見ると 10.4％となる。

　これに対して米親会社の所得税率は 21.4％。

　次に米親会社の所得税率と海外子会社総計としての所得税率との対比を、1994 年、2004 年、2009 年、2014 年の時系列で見るとき、注目すべき傾向が見られる。

表－4米海外子会社と親会社の税率(1994 − 2014) （100万ﾄﾞﾙ）

海外子会社		U.S.親会社	
1994年			
純利益	81,103	純利益	190,125
外国所得税	29,555	U.S.所得税	91,918
計	110,658	計	282,043
税率	26.7%	税率	32.6%
2004年			
純利益	450,760	純利益	497,052
外国所得	74,068	U.S.所得税	163,544
計	52,4828	計	660,596
税率	14.1%	税率	24.8%
2009年			
純利益	808,038	純利益	611,426
外国所得	111,755	U.S.所得税	146,777
計	919,793	計	758,203
税率	12.1%	税率	19.4%
2014年			
純利益	1,183,601	純利益	1,213,292
外国所得	137,818	U.S.所得税	330,161
計	1,321,419	計	1,543,161
税率	10.4%	税率	21.4%

(注) 純利益（Netincome）＝通称「税引利益」

1994年　海外子会社26.7%　対　親会社32.6%

2004年　海外子会社14.1%　対　親会社24.8%

2009年　海外子会社12.1%　対　親会社19.4%

2014年　海外子会社10.4%　対　親会社21.4%

以上のように、この20年間に、海外子会社全体としての税率が26.7％から10.4％へと、もともと低い水準からその三分の一近くまで低落させている。

　これを見ても、この20年間は、米多国籍企業がFDI活動によって、グローバルな税逃れの企業組織形態づくりを高度化させていった過程であることが明らかである。

　しかも、それに引きずられたかのように、米親会社の税率も30％から20％ぐらいまで低落させてきた。

　米多国籍企業のアジアの新興工業国などでの低賃金あさりの拡大とグローバルな税逃れの拡大のFDI活動は、必然的に米国の実体経済や国税収入などにはねかえり、米国の勤労人民の生活と権利の犠牲拡大というはねかえりを、いよいよ大きくしてゆく。

　そして、トランプ米大統領がこのような流れのなかで現れたことを見なければならないだろう。

Ⅲ　リーマンショック後の米貿易収支赤字と
雇用空洞化問題

1　米商品貿易収支赤字の拡大

　先に述べたように、米国の経常収支赤字は 91 ～ 95 年、年平均でマイナス 700 億ᵈᵤから 2006 年——リーマンショック直前——マイナス 8070 億ドルへと、10 年で 10 倍をこえる急拡大となった。

　米国際収支のリーマンショック前後の経過（1999 年～ 2015 年）は図— 2 が示している。（米商務省経済分析局 U.S. 国際収支詳細）
①　リーマンショックの爆発で、経常収支赤字は、2006 年マイナス 8070 億ドルから 2009 年マイナス 3840 億ドルまで縮小した。しかしその後は、マイナス 4000 億ドルの線を上下する横ばい状態となっている。

②　とくに商品貿易収支の赤字の動向を見ると、リーマンショック後マイナス 7000 億ドル台（2011 ～ 2015 年）という、リーマンショック直前（2004 年、2005 年）と変らぬぼう大な赤字となったことが注目される。

第 2 章　大混迷の世界経済　　59

図2 米国の国際収支（1999～2015）

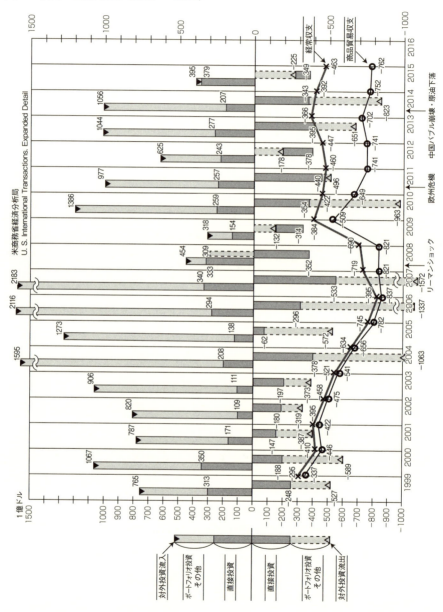

また、リーマンショック前は、商品貿易収支の赤字の大きさは経常収支の赤字の大きさとほとんど変わらなかった。ところが、リーマンショック後は、商品貿易収支の赤字の大きさが経常収支の赤字の大きさを大きく上まわるようになったことも注目される。

　両者のひらきを大きくした要因には、商品貿易収支赤字そのものが大きくなったことに加えて、米国の知的財産権や金融サービスなどの対外収入増大によるサービス貿易収支黒字幅の増大と、米国の対外投資収益増大による所得収支黒字幅の増大とがある。米国は商品貿易収支赤字の増大をさわぎたてるが、米国がサービス貿易収支の黒字も、所得収支の黒字も、大きくしていることも見ておかなければならない。

③　資本収支の動向の概略については先に述べた。以下、いくつかの点を指摘する。

　リーマンショック前、海外からの直接投資を除いた証券投資（ポートフォリオ投資、注3）、その他の投資の対米流入が1兆ドルをこえ、2兆ドルに迫るような異常な膨張が見られた。米国際収支統計（表5）によると、このうちポートフォリオ投資の対米流入は、2003年の5500億ドルから2006年1兆1300億ドル、2007年1兆1500億ドルへ急増したが、この増え方は、住宅ローンのサブプライムとオルトAの証券化が2003年2500億ドルから2006年1兆ドルへ急増した（IMF「国際金融安定性報告書」2008年10月）ことと、量的にほぼ見合っている。

　リーマンショック後は、ポートフォリオ投資・その他の投資などの対米流入は激減（2008年、2009年）。その後中国でのバブル崩壊、原油価格の急激な下落などがおきた2015年に、ふたたび激減した。

第2章　大混迷の世界経済　　61

表5　米国の対外・対内ポートフォリオ投資（P.I）と直接投資（D.I）との対比
―― 1999 年～ 2015 年 ――　　　　　　（10 億ドル）

		1999	2000	2001	2002	2003	2004	2005	2006	2007
対外	D.I.	248.3	188.0	146.8	179.6	197.2	378.1	61.9	296.0	532.9
	P.I.	141.0	159.7	106.9	79.5	133.1	192.0	267.3	493.4	380.8
株・持分		114.3	106.7	109.1	17.0	118.0	84.8	186.7	137.3	147.8
対内	D.I.	312.8	350.0	171.5	109.5	111.3	207.9	138.3	294.3	340.0
	P.I.	278.7	442.0	431.5	504.2	550.2	867.3	832.0	1,126.7	1,156.6
株・持分		112.2	193.6	121.5	54.1	34.0	61.8	89.3	145.5	275.6

		2008	2009	2010	2011	2012	2013	2014	2015	
対外	D.I.	351.7	313.7	354.6	440.4	378.2	394.6	343.4	348.6	
	P.I.	-284.3	375.9	199.6	85.4	248.8	481.3	582.7	154.0	
株・持分		-38.6	63.7	79.2	7.0	104.0	287.4	431.6	202.6	
対内	D.I.	332.7	153.8	259.3	257.4	243.0	277.0	207.4	379.4	
	P.I.	523.7	357.4	820.4	311.6	747.0	512.0	701.9	251.0	
株・持分		126.8	219.3	179.0	123.4	239.1	-62.6	154.3	-178.3	

（米商務省経済分析局　2016.12.15）

　一方、米国の対外直接投資を見ると、リーマンショック前（1999年～ 2008 年、年平均約 260 億ドル）と比べて、リーマンショック後（2009 年～ 2015 年、年平均約 370 億ドル）の方が高い水準となっている。これは、先述したベンチマーク・サーベイから見た米多国籍企業のリーマンショック後の対外直接投資活動の経過と見合うものである。

　このような米国をめぐるマネー資本の流入、流出の激しい変動（volatility）をめぐる問題については、Ⅳで述べる。

　（注 3）ポートフォリオ投資：経営参加目的でなく、もっぱら投資収益を大きくする目的での証券投資。

2 米商品貿易収支赤字拡大と米国雇用空洞化

この報告の冒頭で、リーマンショック前の段階で米国際収支赤字の暴発的拡大の最大の要因として米多国籍企業がおしすすめている海外生産の急拡大を指摘した。(p45)

つづいて、リーマンショック前とその後の過程とをあわせて見て、米多国籍企業のFDIの展開には、とくにアジア・太平洋地域の新興工業国での低賃金あさりや、グローバルな税逃れのための企業形態形成などにより、いよいよ高利潤追求につき進んだことを指摘した。

あらためて1994年から2014年までの20年間を見ると、米親会社は純利益を6.4倍に増やしたが、その間に海外子会社は純利益を14倍に増やした。そして、94年には親会社の純利益は海外子会社の2倍だったが、2014年になると海外子会社の方が親会社を上まわるようになった。(表-1 p51)

このような米企業のグローバルな高利潤追求の海外直接投資展開は、海外生産拡大の輸出代替効果により米国国内での製造業の生産と輸出を衰退させざるをえない。

1994年から2004年、2009年、2014年の流れを見ると(表6-1、6-2、6-3、6-4)、海外子会社の売上高の米国の商品・サービス輸出額に対する比率は、1994年2.5倍、2004年3.4倍、2009年3.6倍、2014年3.1倍と、3倍をこえるようになっている。また海外子会社の売上高に含まれる商品の逆輸入額は米商品輸入額の20%弱を占めて

第2章 大混迷の世界経済 63

表 6-1　1994 年非金融 U.S. 親会社の非金融海外子会社

（10 億ドル、%）

	売上		純利益		雇用者（1000 人）	
全世界	1,754.8 ①	100.0	94.0	100.0	6,957.7	100.0
カナダ	210.9	12.0	7.3	7.8	886.7	12.7
ヨーロッパ	897.4	51.1	45.8	48.7	2,844.3	40.9
ラテン.アメリカ	182.5	10.4	19.5	20.7	1,492.2	21.4
メキシコ	62.4	3.6	5.2	5.5	706.3	10.2
アフリカ	17.5	1.0	1.5	1.6	115.0	1.7
中東	18.0	1.0	2.1	2.2	83.7	1.2
アジア太平洋	421.2	24.0	17.5	18.6	1,511.1	21.7
中国	4.7	0.3	6.3	6.7	84.0	1.2
香港	32.5	1.9	2.7	2.9	96.6	1.4
台湾	15.1	0.9	0.9	1.0	62.7	0.9
インド	(D)	(D)	(D)	(D)	47.2	0.7
日本	196.7	11.2	3.0	3.2	419.6	6.0
オーストラリア	59.8	3.4	2.5	2.7	251.0	3.6
	輸出		輸入		貿易収支	
商品・サービス	703.3 ②		-801.6		-98.4 ⑤	
商品	502.9		-668.7 ③		-165.8	
			米子会社から -130.2 ④			

①／②　2.5 倍
④／③　17.6%
④／⑤　132.3%

表 6-2　2004 年全 U.S. 親会社の全海外子会社

（10 億ドル、%）

	売上		純利益		雇用者（1000 人）	
全世界	3,976.3 ①	100.0	518.9	100.0	10,445.3	100.0
カナダ	465.1	11.7	41.5	8.0	1,137.2	10.9
ヨーロッパ	2,023.0	50.9	287.1	55.3	4,355.8	41.7
ラテン.アメリカ	441.1	11.1	89.0	17.2	2,055.9	19.7
メキシコ	152.5	3.8	10.2	2.0	1,052.1	10.1
アフリカ	63.5	1.6	9.3	1.8	220.6	2.1
中東	53.2	1.3	10.9	2.1	100.0	1.0
アジア太平洋	930.4	23.4	81.1	15.6	2,575.8	24.7
中国	73.1	1.8	7.0	1.3	508.3	4.9
香港	68.9	1.7	8.3	1.6	140.1	1.3
台湾	98.4	2.5	3.6	0.7	88.9	0.9
インド	37.2	0.9	1.2	0.2	198.9	1.9
日本	704.7	17.7	15.1	2.9	552.3	5.3
オーストラリア	228.7	5.8	12.8	2.5	332.9	3.2
	輸出		輸入		貿易収支	
商品・サービス	1,161.5 ②		-1,771.4		-609.9 ⑤	
商品	823.6		-1,488.3 ③		-664.8	
			米子会社から -262.1 ④			

①／②　3.4 倍
④／③　17.6%
④／⑤　43.0%

64

表6-3　2009年全産業のU.S. 親会社の海外子会社

（10億ドル、%）

	売上		純利益		雇用者（1000人）	
全世界	5,718.9 ①	100.0	900.5	100.0	12,961.5	100.0
カナダ	522.5	9.1	43.4	4.8	1,094.3	8.4
ヨーロッパ	2,897.8	50.7	523.5	58.1	4,774.9	36.8
ラテン.アメリカ	674.2	11.8	167.5	18.6	2,518.5	19.4
メキシコ	211.1	3.7	8.5	0.9	11,856.6	9.1
アフリカ	103.9	1.8	24.7	2.7	227.6	1.8
中東	106.7	1.9	17.6	2.0	127.1	1.0
アジア太平洋	1,413.7	24.7	123.8	13.7	4,219.1	32.6
中国	243.8	4.3	28.7	3.2	1,433.2	11.1
香港	101.4	1.8	15.1	1.7	131.1	1.0
台湾	40.3	0.7	3.4	0.4	98.4	0.8
インド	51.1	0.9	2.8	0.3	600.6	4.6
日本	300.4	5.3	10.9	1.2	611.6	4.7
オーストラリア	165.2	2.9	14.5	1.6	344.0	2.7
	輸出		輸入		貿易収支	
商品・サービス	1,583.1 ②		-1966.8		-383.8 ⑤	
商品	1,070.3		-1,580.0 ③		-509.7	
			米子会社から -267.0 ④			

① / ②　3.6倍
④ / ③　16.9%
④ / ⑤　69.6%

表6-4　2014年全U.S. 親会社の全海外子会社

（10億ドル、%）

	売上		純利益		雇用者（1000人）	
全世界	7,417.2 ①	100.0	1290.9	100.0	15,836.7	100.0
カナダ	721.8	9.7	75.0	5.8	1,274.2	8.0
ヨーロッパ	3,275.5	44.2	695.2	53.9	5,007.1	31.6
ラテン.アメリカ	946.5	12.8	241.6	18.7	3,239.9	20.5
メキシコ	292.1	3.9	23.5	1.8	1,527.4	9.6
アフリカ	421.8	5.7	138.0	10.7	314.5	2.0
中東	208.3	2.8	59.8	4.6	183.4	1.2
アジア太平洋	2,126.9	28.7	185.5	14.4	5,817.6	36.7
中国	470.1	6.3	32.2	2.5	2,010.1	12.7
香港	134.0	1.8	16.2	1.3	141.2	0.9
台湾	42.6	0.6	(D)	(D)	108.4	0.7
インド	92.9	1.3	5.9	0.5	1,263.5	8.0
日本	303.1	4.1	19.8	1.5	521.5	3.3
オーストラリア	226.9	3.1	24.9	1.9	379.1	2.4
	輸出		輸入		貿易収支	
商品・サービス	2,376.6 ②		-2866.8		-490.2 ⑤	
商品	1,633.3		-2,385.5		-752.2	
			米子会社から -386.2 ④			

① / ②　3.1倍
④ / ③　16.2%
④ / ⑤　78.8%

第2章　大混迷の世界経済　　65

いる。

このような流れは、また、図-3からも見ることができるだろう。

図-3 米海外子会社の売上高と米輸出との対比、および米貿易収支
1994年、2004年、2014年（10億ドル）

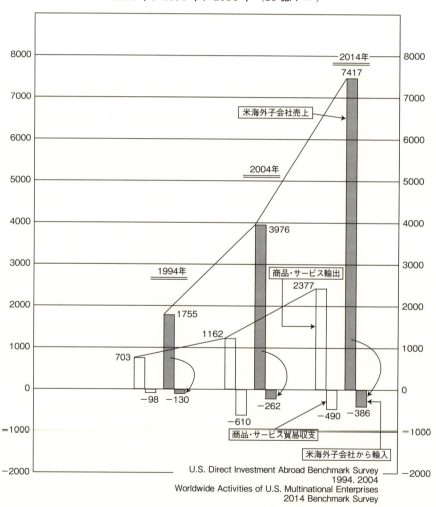

リーマンショック後の米国の商品貿易収支赤字拡大の問題について、品目別にこれを見ると、工業製品の材料、資本財、および自動車・同部品・エンジンの貿易収支赤字が大きい。つまり、主要工業製品の貿易収支赤字が大きい。

　リーマンショックにいたる 99 年〜2008 年も、その後の 2009 年〜2015 年も、それらが生み出す貿易収支赤字額が赤字総額の 50%以上を占める流れがつづいてきた。

　先に述べたように、米多国籍企業のグローバルな投資展開により、その輸出代替効果によって、さらに世界的データ独占をつくり出した米ニューモノポリイの"ノンエクイティモード効果"（または"海外受託生産効果"）が加わることによって、米国内での雇用空洞化の流れがつづいた。

　1999 年から 2013 年までに、米国製造業の雇用者数は 530 万人減少した（「日経」2016. 12.30）。一方、米多国籍企業の海外子会社は、1999 年から 2014 年までに、雇用者数を 612 万人増大させている。そしてその増大の大半が、アジアの新興工業国やラテンアメリカ諸国であったこともすでに見てきたとおり（図-1、表-2）。

　米独占資本がつくり出したこのような流れが、米国の商品貿易収支赤字の増大問題や中西部の"ラストベルト"（赤さび地帯）の白人労働者の貧困問題などを大きくしてきた。

　そしてこれは、もっぱら"米国第一"の政策をとらなかったオバマ政権のせいにして、"米国第一"をわめきちらして白人労働者の不満をかりたてて勝利した"トランプ現象"の背景でもある。

第 2 章　大混迷の世界経済　　67

Ⅳ　現実資本の蓄積から乖離する"マネー資本"の蓄積、姿を変えたシャドウバンキングの膨張

1　グローバル・マネーが世界 GDP の 4 倍

　IMF「国際金融安定性報告書」(GFSR) 2008 年 8 月によると、リーマンショック直前の 2007 年末、世界の株式、証券、銀行資産を合計したいわゆる"グローバル・マネー"の規模は 230 兆ドル、それは世界の GDP 55 兆ドルの 4.2 倍という驚くべき規模になっていた。

　この比率を国ごとに見ると、米国 4.4 倍、EU 5.5 倍——英国 6.8 倍、フランス 6.1 倍、ドイツ 4.3 倍——そして日本は 5.0 倍に膨れ上がっていた。(表 7-1)

　次に IMF GFSR 2014 年 10 月によると、リーマンショック後、2013 年末、株価はまだ回復していなかったが、債券、銀行資産の膨張で"グローバル・マネー"の規模は 283 兆ドルとなり、世界のGDP 75 兆ドルの 3.8 倍という高水準がつづいている。

　とくに米国は 4.5 倍、EU 5.4 倍　　英国 8.0 倍、フランス 5.4 倍、ドイツ 4.0 倍——、そして日本は 5.8 倍という、リーマンショック前と変わらぬ状態である。

　また新興工業国のうちのアジアを見ると、2007 年末 3.7 倍、2013

表7-1　資本市場の大きさに関するいくつかの指標　2007年

(10億米ドル)

	(a) GDP	対外準備 マイナス gold	株式	証券	銀行資産	(b)	b/a (%)
世界	54,545.1	6,448.0	65,105.6	79,821.9	84,784.5	229,712.0	421.1
E.U.	15,688.8	279.7	14,730.9	28,221.3	43,146.3	86,098.5	548.8
北米	15,243.6	100.5	22,108.8	31,465.0	13,776.4	67,350.2	441.8
U.S.	13,807.6	59.5	19,922.3	29,879.3	11,194.1	60,995.7	441.8
日本	4,381.6	952.8	4,663.8	9,217.5	7,839.4	21,720.7	495.7
フランス	2,593.8	45.7	2,737.1	4,366.8	8,685.2	15,789.1	608.7
ドイツ	3,320.9	44.3	2,105.2	5,606.1	6,492.7	14,204.0	427.7
U.K.	2,765.4	49.0	3,851.7	3,844.7	11,052.5	18,748.9	678.0
エマージングマーケット*	17,281.7	4,910.1	20,950.2	7,820.1	15,003.8	43,774.1	253.3
アジア	7,482.4	2,988.2	13,782.7	4,505.0	9,382.3	27,670.0	369.8
中国	3,205.5						

＊エマージングマーケット：途上国、香港、イスラエル、韓国、シンガポール、台湾
(資料) IMF Global Financial Stability Report 2014年8月

表7-2　資本市場の大きさに関するいくつかの指標　2013年

(10億米ドル)

	(a) GDP	対外準備 マイナス gold	株式	証券	銀行資産	(b)	b/a (%)
世界	74,699.3	12,129.7	62,552.0	99,788.8	120,421.6	282,762.4	378.5
E.U.	16,280.9	570.0	12,646.8	30,072.5	44,871.4	87,590.7	538.0
北米	18,594.8	205.4	24,417.8	39,130.0	19,809.5	83,357.3	448.3
U.S.	16,768.1	133.5	22,280.7	36,942.4	15,927.8	75,150.9	448.2
日本	4,898.5	1,237.2	4,599.3	12,243.6	11,422.5	28,265.4	577.0
フランス	2,807.3	50.8	2,140.1	4,756.7	8,178.3	15,075.1	537.0
ドイツ	3,636.0	67.4	2,030.4	4,356.9	8,281.5	14,668.8	403.4
U.K.	2,523.2	92.4	4,035.4	5,843.8	10,282.6	20,161.8	799.1
新興工業アジア* (c)	2,365.5	1,342.5	6,252.7	2,556.8	5,228.7	14,048.2	593.9
エマージングマーケット*	28,913.0	7,995.2	11,232.7	11,226.4	31,782.5	54,241.6	187.6
アジア (d)	13,750.4	4,679.1	6,024.8	5,796.6	22,612.2	34,433.6	250.4
ラテンアメリカ カリブ	5,748.7	802.9	2,188.6	3,564.8	3,761.2	9,509.6	165.4
アジア c+d	16,115.9	6,021.6	12,277.5	8,363.4	27,840.9	48,481.8	300.8

＊新興工業アジア：香港、韓国、シンガポール
(資料) IMF Global Financial Stability Report 2014年8月

第2章　大混迷の世界経済

年末5.9倍という異常な膨張があらわれている。(表7-2)

2　資本主義的生産の機能不全

　米、日、欧先進資本主義国における現実資本蓄積のながびく低迷と、"マネー資本" 蓄積の大きく乖離したふくれ上がりは、資本主義経済の機能不全を現す危機である。それはまた、「資本主義の寄生性と腐朽」(レーニン「帝国主義論」)の史上最大の現れでもある。
　ここでは資本主義的生産の機能不全について見よう。

　1)　マルクスは信用制度について次のように述べている。
　「信用制度は、ただ次のことを明らかにする。すなわち、資本主義的生産の対立的性格にもとづく資本の価値増殖は、ある一定の点までしか生産諸力の現実の自由な発展を許さず、したがって、実際には生産の内在的な束縛と制限をつくりだすのであり、この束縛と制限は信用制度によってつねに突破されるということである」(Ⅲa p.765)
　ところが今日、日本経済について見ても、日銀は、デフレ脱却のためにといって、マイナス金利に加えて、国債を買いあさり、日本株も買いあさりといった、史上例のない超緩和策までとったのに、突破どころか、実体経済の停滞はつづき、「日本経済の失われた20年」は、30年目に入ろうとしている。これは資本主義的生産が機能不全に陥った一つの現れといえよう。

　2)　さらに資本主義的生産にとって深刻な問題がある。マルクスは資本主義的生産の全性格について、次のように述べている。

「それは、前貸資本の価値増殖によって、すなわち、まず第一にできるだけ多くの剰余価値の生産によって規定されている。第二には資本の生産によって、すなわち剰余価値の資本への転化によって規定されている。」（Ⅱ p.126）

ところが今日、「世界の企業の手元資本が膨らみ続けている。現預金に保有債券や貸付金などを足した広義の手元資金は12兆ドルと10年前から8割増えた。地域別では、米国が2兆8000億ドル、欧州が2兆1000億ドル、日本が1兆9000億ドル、中国が1兆7000億ドル。

余剰資金をひたすら積み上げる経営姿勢は日本企業の専売特許だったが、ここにきて世界企業の『日本化』が進んでいるのだ。‥‥‥有望な投資先を見い出せず、企業の資金は押し出されるように金融市場に還流している。米国株の最大の買い手は自社株買いを実施する企業自身。日本でも自社株買いの増加で自社が筆頭株主である企業が全体の1割に達する。」（「日経」2017.7.2）

資本主義的生産の全性格は、第一に、資本は剰余価値を生産し、第二に、剰余価値は資本を生産する、であった。ところが今日、世界の資本は生産した剰余価値をためこむばかりで再投資せず——とりわけ国内の雇用者増につながる投資はやらなくなった。このことはまた資本主義的生産の深刻な機能不全ではなかろうか。

さらに、企業のためこんだ資金は金融市場に還流し、米国株の最大の買い手は自社株買いを実施する企業自身というのは、生産的産業部門の企業でありながら、自社株買いで株価をつり上げるといった、金融資本の利益第一にしばられる状態の現れ。そしてそれは「資本主義の寄生性」の現れにつながっていく。

第2章　大混迷の世界経済　　71

3　"シャドウバンキング" の新しい形での急膨張

　リーマンショックは、米国ウォール街の巨大銀行、巨大投資銀行が勢ぞろいして暴走させた金融ギャンブルが発生させたもの。それはどこからも規制されることのない「闇の中での金融商品づくり」、「闇の中での金融ビジネス」——シャドウバンキング——であった。それはⅠで述べたとおり。

　ところで、IMF「国際金融安定性報告書」2014 年 10 月は、シャドウバンキングが姿を変えて世界的にふたたび大きくなってきたことを警告している。

　①　リーマンショックの金融危機以後、資本市場がより重要な信用の供給者となり、シャドウバンキングシステムのリスクの軌道を変えた。
　投資信託の投資資産（ポートフォリオ）は、2007 年から 2 倍にふくれ上がり、今日ではグローバルに高利回り債（ハイイールド債）の 27％を保有するようになった。（ハイイールド債は、ハイリスク債）
　②　同時に、資産管理運用業は高度に集中した。上位 10 の資産管理運用会社（アセット・マネジメント・カンパニー）が、19 兆ドルを運用するようになった。それは市場リスクと流動性リスクとを大きくしている。
　③　一方、新興市場（エマージング・マーケット）は、今日、先進国からのいよいよ大きなシェアをもつポートフォリオ投資を受け

入れているため、先進国経済からのショックがあれば、もろくくずれやすい状態になっている。

　また、この IMF レポートは、シャドウバンキングの定義について、以下のように説明している。

　「これまでの多くの研究は、それを実行する実体の性質に注目して、一般に伝統的銀行よりも規制がなく、形式上セーフティ・ネットがないものがシャドウバンキングであるとした。
　他の定義は、金融商品に注目し、または市場に注目している。
　金融安定理事会（G20 が中心、金融監督当局がつくる）は、一般のバンキングシステムの外にある信用を媒介する実体と活動であるとした。
　IMF『国際金融安定性報告書』によると、シャドウバンキングの定義は、非伝統的な資金提供のことをいうとしている。それは活動に注目する考え。すなわち、銀行による融資でも、ノンバンク金融機関によるそれでも、非伝統的融資であるならば、それを実行した実体が何であっても、シャドウバンキングであるとする。
　たとえばこの定義によると、シャドウバンキングのローンの証券化を、銀行のバランスシート上でおこなう場合でも、特別目的会社（SPV）を通じて間接的に行う場合でも、活動という視点からいえばかまわない。
　理想的な定義は正確ですべてを包含するかも知れないが、シャドウバンキング活動は国によって大きな違いがあるから、それはむずかしい。」

第 2 章　大混迷の世界経済　　73

図-4　IMF「国際金融安定性報告書」(2015年4月)の付図3.1.2「ファンドの運営」

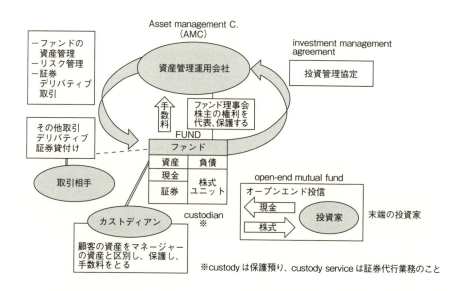

　要するに最近は、投資信託への投入の高まりがあり、資産管理運用業 (Asset management) の高度の集中があり、信用がますますバンキングシステム外のファンドから供給されるようになったことなどが指摘されている。

　これらがどのように組み合わさって新しい形のシャドウバンキングを大きくしているのだろうか、図-4に示したIMF「国際金融安定性報告書」2015年4月、付図3.1.2ファンドの運営 (p.126) は、その概略をえがき出している。

　「ファンドは、資産管理運用会社 (AMC) と投資管理協定をとりむすぶ。AMCはファンドのポートフォリオと、リスクと、証券取引と、証券の金融取引 (株券の貸付けなど) とを管理する。

末端の投資家（エンド・インベスター）はファンドの株式所有者であり、資産所有者でもあり、それらが生みだす所得の所有者でもある。しかし、エンド・インベスターは、ファンドを完全にコントロールすることはできない。かれらはその時々のポートフォリオの構成を正確に知ることはできない。ファンドマネージャーにどの証券を売ったり買ったりせよと指図することもできない。

　ファンド理事会は、株主の権利を守ることになっている。<u>逆に資産管理運用会社の権利も守ることにもなっている。</u>」

　「注記」として、資産管理運用会社の例をあげると、ブラックロック、フランクリン・テンプレトン、ピムコ。

　カストディアンは一般に、バンクオブニューヨーク・メロン、JPモルガン、ステート・ストリートのような銀行である。

　ファンドは、しばしば、かれらが保有する証券を取引相手に貸付けて手数料をかせぐ。証券の借り手は、一般に資金借り入れの担保のため。この取引相手は、たいてい投資銀行、一流の仲介業者、その他借り入れた証券の空売りをやるブローカー、ディーラーたち。

　またIMFのこの報告書は、「ファンド」として、次のようなものをあげている。

　「先進国グローバル株式投資信託、その他債券投資信託、債券株式ミックス投資信託、先進国ハイイールド債券投資信託、新興国株式投資信託、新興国債券投資信託、株式ETF（上場投資信託）、その他ETF、プライベートエクイティ、ヘッジファンド、クローズドエンド投資信託等。」（p.104）

第2章　大混迷の世界経済　　75

先述のとおり、IMF GFSR 2014 年 10 月は「資産管理運用保有高は、今日では少数の巨大マネージャーに集中している。上位 10 社の資産管理運用会社がグローバルに 19 兆ドルを運用するようになった」とつたえている。

　一方、「日経」2017.8.1（注 1）は、資産管理運用会社のグローバルの運用ランキング（2015 年末）を以下のように伝えている。

順位		社名	運用残高（億ドル）
1	米	ブラックロック	4 兆 6454
2	米	バンガード・グループ	3 兆 3987
3	米	ステート・ストリート	2 兆 2448
4	米	フィデリティ	2 兆 356
5	独	アリアンツ	1 兆 9260
・			
・			
・			
・			
33		三井住友トラスト・ホールディングス	6411
36		日本生命保険	5956
37		三菱 UFJ フィナンシャル・グループ	5940
54		野村アセットマネジマント	3348

　ここでは、上位 5 社の資産管理運用会社がグローバルに 14 兆ドルを運用しているとしている。

　（注 1）「日経」は、アセット・マネジメント・カンパニーを「資産運用会社」としている。

また「日経」2016.7.29（注2）は、「三菱UFJ信託銀行は世界最大の米投資信託市場で資産管理業務に参入する」として、カストディアンの世界の巨人の管理資産額を示している。

順位		社名	管理資産額（億ドル）
1	米	ステート・ストリート	6兆1630
2	米	バンク・オブ・ニューヨーク・メロン	2兆4080
3	米	J.P.モルガン・チェース	1兆4460
4	米	ノーザン・トラスト	5310
5	米	SEI	4910
6	日	三菱UFJ信託銀行	3780

（注2）「日経」は、カストディアンを「資産管理会社」とよんでいる。

　リーマンショック後に膨張をつづける新しい形のシャドウバンキングは、バンキングシステムの外にあるさまざまな投資ファンド、資産管理運用会社（アセット・マネジメント・カンパニー）、カストディアン、それにさまざまな取引仲間が結びついて大きくなっていることが注目される。
　たとえば、アセット・マネジメント・カンパニーの世界の巨人上位5社が管理運用する資産は約14兆ドル。カストディアンの世界の巨人上位3社が管理する資産は約10兆ドル。合計すると24兆ドルになる。もし両方に名を連ねる米ステート・ストリートの重複の可能性がある額を削っても、約22兆ドルになる。それは米国の2013年のGDP16.8兆ドルを上まわる。

第2章　大混迷の世界経済　　77

さらにファンドの取引相手である投資銀行や、一流の仲介業者（プライム・ブローカー）たちも、このシャドウバンキングの仲間に加わっている。

　リーマンショックの時は、名前がよく知られている世界の巨大金融機関たちが主役であった。リーマンショック後の今日、これまであまり名前の知られていなかった世界の巨大金融業者たちがものすごい額のグローバル投資マネーを集中して、シャドウバンキングを大きくしている。

　このような新しい金融取引の主舞台は、やはり米国である。2014年全世界総計の投資信託の管轄国別内訳で見て、米国は49％。米国金融資本にとって関係の深いオフショア金融センター、ルクセンブルグ10％、アイルランド5％などを加えれば64％になる。

　アベノミクスのもと、日本経済もこの新しいシャドウバンキングの流れにまきこまれている。この驚くべき現状を「日経」（2017.3.24）は次のようにつたえている。

　「2016年10月中旬、年金積立金管理運用独立行政法人（GPIF）幹部が、三井住友信託銀行の常陰均社長に直談判した。

　GPIFが問題視していたのは三井住友信託の顧客に対する姿勢だ。GPIFは140兆円の運用マネーの一部を信託銀行に委託。委託先を採点しているが、三井住友信託は下位。株を保有する融資先の企業などに、株主として十分物をいえていないというのが低評価の埋由。

　三井住友トラスト・ホールディングスが2017年2月14日公表した「考え方」の改訂版では、融資先への配慮と取られかねない表現は削り、『顧客（受益者）の中長期的なリターンの最大化を図る』

78

文言を新たに盛り込んだ。

　背景にあるのはアベノミクスで打ち出した投資家目線の政策で株価を引き上げる戦略だ。その先兵のGPIFはコーポレートガバナンス（企業統治）を刷新。いち早く物いう株主としての立場を強く示し、国内株投資の拡大に火を付けた。生保と並ぶ「ニッポンの大株主」である信託銀が投資家目線を徹底すれば、もう一度国内株を盛り上げられるのではという算段が働いた」と。

　もとより国民の年金積立金は国民の老後の生活を守るために、ただその目的のために、大事に管理されなければならない。

　ところがアベノミクスは、国民の年金積立金を投資家目線で株価を盛り上げるための道具に変えてしまった。

　ついでに述べておくと、「年金積立金管理運用独立行政法人」の外国人向け名称をGPIF（ガバメント・ペンション・インベストメント・ファンド）との名付け親は、米モルガン・スタンレー資産運用子会社の日本法人社長だったジョン・アルカイヤ。「2001年政府関係者がアルカイヤに英語名を相談。『分かりやすい名称がいい。ガバメント・ペンション・インベストメント・ファンドではどうか』と即答した」とのこと。（「日経」2014年6月16日）

　こうして、日本国民にとって「年金積立金管理運用独立行政法人」というややこしい名称のものが、「政府年金投資ファンド」（GPIF）という、世界の投資家たちにはわかりやすい巨大投資ファンドに変身。今日のグローバルシャドウバンキングクラブの会員になったかのようである。

第2章　大混迷の世界経済　　79

V　トランプ氏勝利以後、世界政治の不確実性の高まりと近づく金融危機の影

1　2015 年、16 年の金融的激震

　2015 年、16 年は、世界的に金融危機の激震がつづいた。IMF GFRS 2016 年 4 月はこのように記している。「国際的金融安定性のリスクは、GFSR 2015 年 10 月以後、さらに高まった。石油価格、商品価格の 2016 年 1 月、2 月における劇的下落は新興市場経済のリスクを高めた。一方、中国の経済成長の変動をめぐる大きな不確実性の影響がグローバル市場にあふれ出るようになった」と。

　このころの米国の国際収支を見ても（図- 2 p.60）、米国のポートフォリオ投資の対外流出も、対内流入も、2015 年にはリーマンショック直後の 2008 年、09 年の大縮減に近い線まで落ち込んでいる。

　ところが、トランプ氏勝利後の IMF GFSR 2017 年 4 月の論説は、株式相場上昇などの空気から、やや楽観論に傾いたようだ。投資家たちがトランプ氏の公約、税制改革やインフラ投資や金融規制緩和などにとびついたから、というわけである。

それでも、IMF は次のように指摘する。「新たな金融安定性の危険が世界的な政治の不確実性の高まりから大きくなってきた。……トランプ公約の減税や金融規制緩和などが期待外れとなると、金融の安定性をくずすことになるだろう。また先進国が保護主義〔＝トランプのしかける経済戦争（筆者）〕へつき進めば、世界の経済成長、世界貿易を弱め、資本の流れをさまたげ、市場の空気を落胆させることだろう」と。

2　今日注目すべきいくつかの点

1)　今日のグローバル・シャドウバンキングの中で巨額の投資マネーを運用しているブラックロックなど資産管理運用会社（AMC）の「世界の巨人」たちが、トランプ勝利にすばやく反応して、世界のマネーの流れを大きく転換させていること。

「日経」2017.1.5 は次のことをつたえている。
①　AMC 世界トップのブラックロックは、新年早々顧客たちに「米国主導で世界の景気回復が加速する」との見通しを送っている。
②　2016 年の大統領選直後から、市場関係者がグレートローテーション（大転換）とよばれるマネーの大移動がはじまった。米国債を投資対象とする投資信託から資金が流出し、株式投信には選挙翌月の昨年 12 月、一挙に 125 億ドルが流れ込んだ。
その一方マネーは 11 月以降、新興国債の投信から 110 億ドル流出、新興国株式投信からも 90 億ドル流出した。
　先述したとおり、米ブラックロックをトップに世界の資産管理運用会社上位 5 社が約 14 兆ドルの投資資金を集中していることを見

第 2 章　大混迷の世界経済　　81

れば、瞬時に 100 億ドル、200 億ドルぐらいのマネーを大移動させる "グレートローテーション" の動因がどこにあるか、うかがえるように思う。

2)　さらにウォール街をわきたたせたもう一つの事情がくわわった。

　「トランプ米大統領の登場で 2008 年秋の金融危機以降の規制強化の流れが一変。

　金融危機を教訓に導入した資本規制は米金融機関に事業の集約化と厳格な法令順守を強いた。FRB の原案は J.P. モルガン・チェースなど大手 6 米銀に資本をさらに 1300 億ドル積み増すことを求める。

　そこにトランプ氏が現れた。就任後すぐに新たな規制の先送りを指示。ウォール街の重苦しい空気を一掃した。

　規制先送りで資本の追加積み増し分が融資や株主還元に回るとの皮算用から、投資銀行大手ゴールドマン・サックスの株価は危機前の市場最高値を更新」というわけである。(「日経」2017.3.7)

　こうしてリーマンショック後、バンキングシステムの外の資本市場で、さまざまな投資ファンドや、資産管理運用会社や、カストディアンなどが膨張させてきたシャドウバンキングの暴走に加えて、リーマンショックを発生させた主役たち——巨大銀行、巨大投資銀行による新たな金融ビジネスの拡大も加わることになった。

　ここでリーマンショック後、リーマンショックの主役たちがどうなったか記しておこう。

　リーマンショックの主役は大手 4 銀行と大手 6 投資銀行。かれらはそろって大きなサブプライム関連の損失を出したが、シティー・

図−5 リーマンショック時のU.S.シャドウバンキングシステム

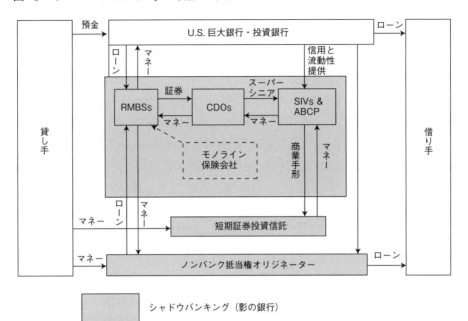

（出所）IMF *Global Financial Stability Report* 2014 8月　p.70
（注記）簡単化して示している。証券化ビークル（媒体）は、資産担保短期証券（ABCP）コンデュット（導管）、債務担保証券（CDOs）、住宅担保証券（RMBSs）、ストラクチャード、インベストメント、ビークル（SIVs）を含む。（「資本主義の変容と経済危機」第1章参照）

グループ、バンク・オブ・アメリカ、J.P. モルガン・チェース、ウェルズ・ファーゴの4銀行はそれぞれ米政府資金注入で救済された。

モルガン・スタンレー、ゴールドマン・サックスの2投資銀行はそれぞれ銀行に変身した上、米政府資金注入で救済された。

メリル・リンチ、ベアー・スタンズ、ワコビアの3投資銀行はそれぞれバンク・オブ・アメリカ、J.P. モルガン・チェース、ウェルズ・ファーゴによって買収された。

残る投資銀行のリーマン・ブラザーズは、救済されずに破たんしたが、ただその名を史上最大の世界金融危機の名として歴史に残す結果となった。

　こうして大手 10 米銀から大手 6 米銀となった。そして当然のこととして、「ドット・フランク法」などの規制を受けることになった。

　それでも 2016 年 2 月の時期に、すでに米国の大手 6 銀行は高い収益率を回復している。IMF GFSR 2016 年 4 月によると、かれらのROE（= return on equity、純利益／自己資本＝株主資本利益率) で見て、ウェルズ・ファーゴ 12.8、ゴールドマン・サックス 11.2、J.P. モルガン・チェース 9.6、シティグループ 8.6、モルガン・スタンレー 7.4、バンク・オブ・アメリカ 7.0。その大部分が日本のメガバンク 7.3 や英国 5.6、ユーロ 6.5 などと比べても高くなっている。

　したがって、米トランプ政権が今やろうとしていることは、今日のシャドウバンキングの主役たちの外にいた、リーマンショックの主役たちへの規制をなくすことであり、いよいよ米国経済の金融ビジネス最優先、金融の肥大化資本主義をおしすすめることになる。

　そして米トランプ政権のこの流れが、今日アベノミクスの日本経済をも完全に包みこんでいることを再度強調しておく。
今日主要投資家の日本株保有額（運用資産）を見ると、

1 位　GPIF（政府年金投資ファンド）36.0 兆円
2 位　米ブラックロック　　　　　　17.6 兆円
3 位　日銀　　　　　　17.1 兆円
4 位　野村アセットマネジメント　13.1 兆円

5 位アセットマネジメント One 10.2 兆円

6 位　米バンガード・グループ　10.0 兆円

7 位　日本生命　　　　　　　7.0 兆円

8 位　ノルウェー政府年金基金　　6.5 兆円

という具合である。(「日経」2017.6.24)

　これを見ると、今日、米ブラックロックなど世界のシャドウバンキングの大物たちと、政府年金投資ファンドと日銀とが、日本の主要企業の最上位の大株主グループを作っている。ブラックロックらの投機の策略によりふりまわされるという異常事態になっている。

3　世界政治の不確実性の高まり

　トランプ氏勝利以後の世界政治の不確実性の高まりの問題については、さらに述べておく必要がある。

①　米軍産複合体の再拡大へ

　オバマ政権時代は、国防費を向う 10 年間 3500 億ドル削減することに議会と合意した。2018 会計年度 5490 億ドル。

　ところが、トランプ政権が 3 月 16 日発表した 2018 会計年度予算方針によると、国防費上限を 540 億ドル増やし 6030 億ドルへ、非国防費は同額減らすというもの。

　その後明らかにされた予算教書によれば、今後 10 年間の新たな

第 2 章　大混迷の世界経済　　85

予算上限の提案として、国防費は 2017 年会計年度から 2027 会計年度に 1510 億ドル積み増す。

「日経」2017.5.24 は、以上のことに加え、トランプ氏がサウジアラビアのサルマン国王との間で 1100 億ドルの兵器売却で合意、今後 10 年間で総額 3500 億ドルめざす計画であることをつたえたことをあげ、以下のように述べている。

「トランプ氏はシリアの爆撃など米国の軍事力を頼みに『力の政治』になびいている。国防予算の積み増しと軍需産業への『優遇』は、冷戦時代のような軍と産業が一体となった『軍産複合体』と政権との強い結びつきをほうふつさせる」と。

日本でも、トランプ・安倍という世界最悪の組み合わせから、政府が 12 月 22 日閣議決定した 2018 年度予算案・17 年度補正予算案を見ると、軍事費の驚くべき急増大である。18 年度 5.19 兆円、補正 2300 億円。

とくに米国製兵器の購入（新型迎撃ミサイルなど）がふくれ上がってゆく（18 年度 4100 億円）――「FMS（対外軍事費売却）は米国が価格や納期に主導権をもち、米国の"言い値"で購入することが多い。」（「日経」2017.12.2）

また、辺野古新基地強行などで米軍再編経費も過去最大となった。

筆者は「21 世紀の世界経済危機の深部を探る」（2017 年 1 月）の中で、われわれが当面めざすべきたたかいの方向の一つとして次のように記した。

「現代資本主義の最悪の産物、米国で典型的に、また最大にあらわれた軍産複合体の問題である。今日、日本の独占資本はその補完的要素として肥大化の方向をとっている。

軍産複合体にとっては、その存続の条件は、大国間の軍拡競争が止めどもなくつづくことであり、また地球上のさまざまな戦乱が止めどもなくつづくことである。軍産複合体は、かれらの謀略によりこのような戦乱をたえずひきおこそうとしてきた。」(同上書 p.34,35)

　中東では、第二次大戦後から今日まで、米、英、仏、ソ連(ロシア)などの介入により、100年戦争に近づくかも知れない様相である。シリアの戦乱もすでに7年をこえる。この地域でのトランプ政権の新たな軍事的介入は、この地域での戦乱の終結をさらに遠ざけることになる。

　トランプ米大統領のサウジアラビアへの武器売却と、サルマン国王容認の合図により、イエメンの内戦はいよいよ泥沼化し、イエメン国民の大多数が人道危機の苦難におとし入れられた。
　さらにトランプ米大統領は、エルサレムをイスラエルの首都と認定するという暴挙に出た。これは第一に、エルサレムを国際管理の下におくとした47年の国連総会決議、その後のイスラエルとパレスチナが共存する「二国家解決」での和平実現という国際的合意をくつがえすものである。第二に、第2次大戦後、第1次中東戦争(1948年)にはじまり、第2次(1956年)、第3次(1967年)、第4次中東戦争(1973年)などをへて、今日まで四分の三世紀にわたるパレスチナ・アラブ人の苦難の歴史をさらにながびかせる暴挙である。
　またトランプ氏と金正恩氏との組み合わせからも、危機偶発の危険が高まっている。
　ハンス・ギュンター・ヒルペルト氏(ドイツ国際政治安全保障研究所)は、「トランプ氏は次の展開をだれも読めないという点で北

第2章　大混迷の世界経済　　87

朝鮮に似ている」と指摘する。（「日経」2017.5.18）フィナンシャル・タイムズ（2017.4.18）によると、「もし正恩氏が、米国が本気で北朝鮮への攻撃を考えていると判断したら、自分の方から先制攻撃することを考えるだろう。というのも、米国の戦争遂行計画には、早い段階での正恩氏の殺害が含まれているとの報道があるからだ。」

その報道とは、「北朝鮮を刺激したのが3月から始まった米韓合同軍事練習だ。朝鮮半島有事に金正恩委員長ら最高指導部や核施設などの除去を目的とした特殊作戦を含んでいる。」（「日経」2017.4.8）

② トランプ政権の "米国第一" は、新たな経済戦争をしかけること。

「90年代～21世紀の世界資本主義の構造的大変化として注目されること――『国家の形態でのブルジョア社会の総括』（マルクス）がくずれはじめた。‥‥

米国をはじめ先進諸国の独占資本、金融資本が経済のグローバル化をおしすすめた。『国家の形態でのブルジョア社会の総括』をつきくずしてゆき、自国の雇用を空洞化させ、税収入を空洞化させてゆくようになった。

かれらは世界のどこからも規制をうけることなく巨利をかせぐようになった結果として、史上最大の世界経済危機を発生させた。」
（「21世紀世界経済危機の深部を探る」p.22〜24）

トランプ氏はもっぱら「米国第一」をとなえる。米国の商品貿易収支が大赤字を出すのも、中西部に赤さびベルトがひろがったのも、中国や日本やドイツ等が不当なやり方で輸出をして、米国経済は犠

牲にされたからだという宣伝をくりかえしている。だから「米国第一」でこれをぶちこわす。

このような問題については、第二次大戦後、米政権は、米国主導でつくり出した国際的経済ルールを、米国の一存でひっくりかえす歴史的伝統があることを見ておく必要がある。

1970年代ニクソン政権時代、米国のベトナム侵略戦争が泥沼状態におちいり、米国の国際収支悪化におちいった時、ニクソン政権はブレトン・ウッズの国際通貨体制（IMF）をひっくりかえしてしまった（ニクソン・ショック）。ブレトン・ウッズの国際通貨体制は、もともと1944年米国主導でつくられたもの。

その後そのやり方は、1980年代、90年代になると、ほこ先を黒字国日本へ向け、"プラザ合意"とか、"日米構造協議"とか、"対日経済戦争"などと継続してきた。

ところが日本の財界・自民党政権は、「外圧を利用して」という口実を使って、犠牲をもっぱら日本の勤労人民へおしかぶせて、対米関係の再調整をはかるやり方をくりかえし、対米従属路線を継続させてきた。その結果、日本経済は"失われた20年"におちこむことになった。

トランプ米大統領がまき散らす危害は計り知れない。これに対して、米国国内で民主的勢力の反撃がたかまっている。（「経済」2017.8「特集トランプとアメリカ資本主義」参照）

われわれの安倍政権打倒のたたかいは、世界のだれよりも素早く、「米国第一」のトランプ米大統領にすり寄り、支えようとしてきた日本の右翼勢力である安倍政権打倒のたたかいでもある。

第2章　大混迷の世界経済　　89

4　「国家の形態でのブルジョア社会の総括」（マルクス）がくずれはじめた

　1）マルクスは、「資本論」の作業にとりかかった早い時期に5つの篇による「構成プラン」の構想を記していた。（「経済学批判要綱」への序説、1857年）

1. 一般的な抽象的な諸規定。
2. ブルジョア社会の内部編成をなし、また基本的諸階級の基礎をなしている諸カテゴリー。資本、賃労働、土地所有。
3. 国家の形態でのブルジョア社会の総括。租税、国債、公信用。
4. 生産の国際的関係、国際分業、輸出入、為替相場。
5. 世界市場と恐慌。

　しかし、マルクスは、「資本論」第3部第7篇で、「資本論」の基本的性格について、「ただ資本主義的生産様式の内部構造のみを、その理念的平均において叙述すること」（Ⅲｂp.1460）であるとした。そして最初のプランの第3篇以下の諸問題は、部分的には各所で論じたものの、篇としての叙述はおこなわなかった。

　2）1867年、マルクスは、「資本論」初版への序言で、「資本論」の内容について次のようにのべている。

　「物理学者は、自然過程を、それがもっとも典型的な形態で、またそれが攪乱的な影響によって攪乱されることがもっとも少ない状態において現象するところで観察するか、あるいはそれが可能な場合には、過程の純粋な進行を保証する諸条件のもと実験を行なう。

私がこの著作で研究しなければならないのは、資本主義的生産様式と、これに照応する生産諸関係および交易諸関係である。<u>その典型的場所はこんにちまでのところイギリスである。これこそ、イギリスが私の理論的展開の主要な例証として役立つ理由である</u>」と。

このように、「資本論」は、資本主義が典型的に発展したイギリス資本主義にたいする、マルクスの観察、調査、研究にもとづいたところの理論的成果なのである。

3）マルクスは、「資本論」第2部の「社会的総資本の再生産と流通」を論じたところで、資本にとって国内市場の大きさは、賃労働者の消費の総量によって制約をうけることを明らかにしている。

また第3部では、資本主義的蓄積の過程を総体として見れば、利潤率の低下と利潤総量の増大との二面的進行であること、賃労働者の総数がその相対的減少にもかかわらず絶対的に増加することを明らかにしている。

<u>すなわち、社会的総資本にとって、生産する利潤の総量は、賃労働者総数によって条件づけられており、他方、総生産物の販売によって実現される利潤総量は、賃労働者の消費総量によって条件づけられている。</u>

4）マルクスは、国と国との関係では、一国の貿易差額は結局は均衡するはずであるが、支払差額はその国によって順または逆でありうること。支払差額が貿易差額と区別されるのは、それが一定の時期に支払期限のくる貿易差額であることによってであること。そこで恐慌が引き起こすのは、それが支払差額と貿易差額とのあいだ

第2章　大混迷の世界経済　　91

の期限の差を短期間へと圧縮すること、などを指摘している。(Ⅲ b p.901)

　5)ここで3)、4)でのべたことを「一国資本主義的諸関連」とよぶと、今日それらがどうなっているだろうか。

　それは、Ⅱ、Ⅲでのべたとおりのことである。

　米独占資本の投資は国内の雇用増には全く関心を払わず、もっぱら　海外子会社のネットワーク拡大に向っている。かれらの利益を最大にするためである。それが国内の雇用を減らし、貧富の格差を劇的に大きくしてきた。

　またかれらはグローバルに巨額の利益をあげ、ためこむのに、国内では税金をろくろく払わなくなった。税の空洞化である。

　さらに、米多国籍企業のグローバルな投資活動により、米国の商品貿易収支の赤字を急拡大させてきた。

　以上、先進資本主義国の<u>資本そのものが、「一国資本主義的諸関連」を大きくくずすようになったこと</u>を「国家の形態でのブルジョア社会の総括がくずれはじめた」と表現したわけである。今日、「国家の形態でのブルジョア社会の総括」の崩壊は、米国でもっとも大がかりに、典型的にあらわれるようになった。それは「米国第一主義」のトランプ現象の背景でもある。

　資本そのものによって、また金融資本肥大化資本主義によって、「ブルジョア社会の総括」が大きく崩れたことから、米、日、欧資本主義大国の政権与党の経済政策が大混迷状態におちいっている。そこから、トランプ現象や、英国のEU離脱や、その他ヨーロッパ

92

諸国の選挙に見られる "既成政党" の低落傾向、さらに日本のアベノミクスの姿（米国のシャドウバンキングに包み込まれたような）などの現象があらわれている。

　一方、今日、「国家の形態でのブルジョア社会の総括」の崩壊は、国民のための国民所得の再配分政策を確立しようとする革新勢力の経済政策実現にとっても、一大障害である。

　そして、すでに見てきたように、巨大金融機関が、かれらの主要な金融取引をどこからも監視されず、規制されない "やみの世界" へ移し、"グローバル・マネー" をGDPの何倍にもふくらませ、そのバブル崩壊のたびに、国から巨額の救援を引き出し、そのばく大な代償が国民の負担へまわされる。

　さらに、多国籍企業の投資活動が国内の雇用を増やすことに向わず、オフショア金融センターやタックス・ヘイブン等を利用する税金逃れの規模をいよいよ巨大なものとして、その巨額の代償も、国民の負担にまわされるようになった。

　したがって、われわれは、これら巨大金融機関、多国籍企業などへの民主的規制の政策を実現しなければならない。そしてそれは、まず税制面から実行する必要がある。

　たとえば、あらゆる形をとった有価証券、金融商品、外為取引などにたいする金融取引税や、タックス・ヘイブン課税、大企業が海外にためこんだ内部留保への課税等々である。（「資本主義の変容と経済危機」第4章　1金融制度問題および2多国籍企業問題　参照）

第2章　大混迷の世界経済　　93

付表　世界上位 100 社、非金融多国籍企業　海外資産ランク　2016 年

UNCTAD WIR 2016 年

米国	22 社	(石油精製) シェブロン / エクソン・モービル / コノコ / シェルムベルグ / (産業機械) GE/ (自動車) フォード /G.M./ (航空機) ユナイテッドテクノロジイ / (コンピューター) アップル / マイクロソフト /IBM/ ヒューレットパッカード / アルファベッド / (電子部品) インテル / (E 商業) アマゾン / (薬品) ジョンソン・ジョンソン / ファイザー / アムゲン / (化学) プロテクターギャンブル / (食・飲料) コカ・コーラ / モンデレツ / (小売) ウォルマート /
英国	15 社	(鉱・石油探) ロイヤルダッチシェル / アレルカン / アングロアメリカン / (石油精製) BP/ (自動車) リオ・テイント / (情・通信) ボーダーフォーン / リバティグローバル / (薬品) グラクソスミクライン / アストラゼネカ / (食・飲料) ユニリバー / (運輸・倉庫) ジョンスワイヤー & ソンズ / (タバコ) ブリティッシュアメリカン / インペリアルブランズ / (電・ガス・水道) ナショナルグリッド / (ビジネスサービス) WPP PLC/
ドイツ	11 社	(自動車) フォルクスワーゲン / ダイムラー /BMW/ ロバートボッシュ / (産業機械) シーメンス / (薬品) バイエル / (化学) BASF SE/ (コンピューター) SAP SE/ (情・通信) ドイチェテレコム / (電・ガス・水道) RWE AG/E.ON AG/
日本	11 社	(自動車) トヨタ / ホンダ / ニッサン / (電子機器) ソニー / (情・通信) ソフトバンク /NTT/ (卸売) 三菱 / 三井 / 丸紅 / 住友 / 伊藤忠 /
フランス	11 社	(石油精製) トタル / (航空機) エアバス / (自動車) ルノー / (薬品) サノフィ / 化学エアリキッド SA/ (情・通信) オレンジ SA/ (食・飲料) ダノネ G/ (衣服) クリスチャンディオール / (電・ガス・水道) EDF SA/Engie/ シュナイダー
スイス	5 社	(鉱・石油探) グレンコール / (薬品) ノバルティス / ロッシュ / (食・飲料) ネスル / (ガラス・コンクリート) ラフォルゲホルシム /
中国	3 社	(鉱・石油探) CNOOC/ (運輸・倉庫) COSCO/ 〈香港〉(小売) CK ハチソン　ホールディング /
台湾 (中国)	1 社	(電子部品) ホンハイ /
スペイン	3 社	(情・通信) テレフォニカ / (電・ガス・水道) イベルドローラ / (石油精製) レプソル SA/
イタリア	2 社	(電・ガス・水道) エネル SpA/ (石油精製) エニ SpA
アイルランド	2 社	(薬品) アレルガン / シャイアー /
以下各国 1 社		ベルギー (食・飲料) アンホイザー・ブッシュ / オーストリア (鉱・石油探) BHP ビルトン / オランダ (情・通信) Altice NV/ ルクセンブルグ (金属・銅製品) アルセロールメタル / イスラエル (薬品) TeVaP.I.L/ 韓国 (情報機器) サムソン / ノルウェー (石油精製) スタトオイル / シンガポール (電子部品) ブロードコム / マレーシア (鉱・石油探) ペトロナス / フィンランド (通信機器) Nokia/ スウェーデン (自動車) ボルボ / デンマーク (運輸・倉庫) AP Moller-Maersk/ ブラジル (鉱・石油探) Vale SA/ メキシコ (情・通信) América Móvil

94

第3章

多国籍企業の税金逃れ
──日本の現状を考える──

Ⅰ　多国籍企業の税金逃れのための企業構造

UNCTAD「世界投資報告書（WIR）」2015年は、多国籍企業の税金逃れ問題特集である。第5章の「B国際的税制を把握した投資」で次のようにのべている。

「多国籍企業は国境をこえる投資によってかれらの企業構造をつくる。かれらは、かれらのビジネスと営業の制約内で最大の税効果があげられるような企業構造をつくりだそうとする。」
「要するにFDIにより形づくられる企業の組織形態は、多国籍企業にとっての税金のがれのエンジンであり、利益移転の燃料である。
　北米企業がアジアで新しい製造工場を始めようとするとき、税金の理由からヨーロッパをくぐらせて行かせるだろう。」（p.189）

「オフショアの投資ハブ（活動の中心地）はグローバルな段階に大きな役割を果たすようになった。クロスボーダーの投資資産（FDIプラス特別目的会社〔SPEs〕（注1）通過の投資）の約30％が、その生産資産のある行き先に行きつく前に導管（conduit）を通過している。通過投資は、2000年代の後半から急増するようになった。」（同上）

「2012年英領バージン島は全世界で上から5番目のFDI受け入れ国であり、720億ドルの流入があったが、それは英国の460億ドル（英国の経済規模は3000倍）を上まわった。……オランダとルクセンブルグも著しい例としてあげられる。」（同上）

「2012年、非オフショア国（Non OFC）で受け入れた21兆ドル

の国際投資ストックの外に、30％以上の約6.5兆ドルのオフショア・ハブ通過のものがある。特別目的会社（SPEs）の導管地域からの投資が、タックスヘイブンの役割を今日超えるようになった。最大のオフショア投資プレイヤーは、特別目的会社管区のものである。」（同上）

「オフショア投資ハブを通過させることで利益の移転をはかるめざましい例がある。グーグルは2009年、米国以外の地域での利益に対し税率わずか2.4％。アイルランド、オランダが構造上カギとなる役割を果たしている。」（p.192）

Ⅱ　途上国にとっての多国籍企業の税金逃れ

UNCTAD「世界投資報告書」2015年は、「C多国籍企業の税金のがれと途上国」で、途上国にとって深刻な問題があることを次のように指摘している。

「多国籍企業による税金逃れ行動は、全世界の国々にとっての問題ではあるが、多国籍企業による途上国からの利益の国外への移転は途上国の長期的経済発展を深刻に妨げることとなっている。」（p.198）

つづいて、途上国へのオフショア投資ハブからの投資のふくれ上がり状態を次のように示している。（表1、表2）

表1 オフシショア投資ハブからの投資ストック

	A %	B %	A+B %	A……タックスヘイブンからの投資
全世界	11	19	30	B……特別目的会社経由の投資
先進国	3	26	29	
ヨーロッパ	3	32	35	
北米	2	16	18	
途上国	21	9	30	
アフリカ	12	12	24	
アジア	25	6	31	
ラテンアメリカ カリブ	8	19	27	
移行経済	41	19	60	

表2 オフショア投資ハブからの投資フロー

全世界	A %	B %	A+B %
先進国			
2000-04	1	19	20
2005-09	3	23	26
2010-12	1	19	20
途上国			
2000-04	16	5	21
2005-09	17	7	24
2010-12	16	10	36

　このように、このレポートの新しい点の一つは、多国籍企業が税金逃れのため特別目的会社（SPEs）をつくり通過させる投資もとらえようとしていることである。

（注1）特別目的会社とは、「証券化の器などとして利用される一種のペーパーカンパニー。……従来は設立の利便性によりケイマン諸島など海外に設立されることが一般的であった。日本でも1998年にSPC法が施行され、SPC法上の『特別目的会社』の設立が可能となった」（『日経経済・ビジネス用語辞典』）。

第3章　多国籍企業の税金逃れ　　99

特別目的会社は、社内に社員のいない、単なる箱などといわれる
ペーパーカンパニーであるが、その業務はそれをつくる金融機関に
とっては重要な金融ビジネス。

　リーマン・ショック時は、①銀行からローンを買いとる、②ロー
ンを担保にして証券を発行し、投資家に売る、③ローンからのキャッ
シュフロー（借り手たちからの元利払い）を変換して、投資家へ送る、
など。

　ローンの売却で銀行のバランスシートからその貸付債権が外され
る（オフバランス）と同時に、その銀行にとって大事な金融ビジネ
スがバランスシート上に反映されないブラックボックス内に移され
ることになる。（「資本主義の変容と経済危機」p.24,25 参照）

　UNCTAD の WIR 2015 年の注目すべき点は、多国籍企業は税金逃
れのために、海外で実際に生産拠点をおく国への投資をおこなうた
めに、オフショア投資ハブ（活動の中心地）の導管（conduit）を通
過させる形をとるようになったこと。対外投資資産（対外直接投資
〔FDI〕）プラス特別目的会社〔SPEs〕通過の投資）の約 30％が、そ
の生産資産を立地する行先に行き着く前に導管（conduit）を通過し
ていること。通過投資のやり方は 2000 年代の後半から急増するよ
うになったこと、等である。

　パナマ文書以来、多国籍企業の税金逃れ対策が世界的にとり上げ
られるようになったけれど、まだこの問題の実態は十分とらえられ
ていないことを痛感させられた。

　以下、いくつかの関連する資料から、これまで筆者が注目した点

をいくつか述べよう。

III　広義の"オフショア"はさらに拡大

　UNCTAD ワーキング・ペーパーによると、オフショア構成要素の量は、オフショアの範囲のとり方を狭義にするか広義にするかで大きく変わってくる。

　すでに述べたように、ここでは、オフショア金融センター（＝Offshore financial centres(OFCs)）、導管（Conduits）、タックスヘイブン（＝ Tax Havens）、またはいわゆる特別目的会社（＝ Special Purpose Entities － SPEs）を通過する国際的投資がとり上げられている。

　ここで非オフショア金融センターとよばれる国々には、先進資本主義国、新興国のほとんどすべてがふくまれる。資本輸出国のほとんどすべてがふくまれる。この非オフショア金融センターの国々からの対外投資は、狭義の計算では全体の31％が特別目的会社やタックス・ヘイブンへ向けられている。

　次に、非オフショア金融センターへの国外からの投資も、全体の29％が特別目的会社やタックス・ヘイブンからの投資になっている。（表3）

　他方、広義の計算によると、非オフショア金融センターの国々からの対外投資は、全体の41％が特別目的会社やタックス・ヘイブンへ向けられており、非オフショア金融センターへの国外からの投資も、全体の43％が特別目的会社やタックス・ヘイブンからの投資になっている。（表4）

第3章　多国籍企業の税金逃れ　　101

表3　狭義の計算

		投資受入れ国		
		非オフショア金融センター		
投資国	非オフショア金融センター	71%		
	特別目的会社	18%		
	タックスヘイブン	11%		
		受入れ国		
		非オフショア金融センター	特別目的会社	タックスヘイブン
投資国	非オフショア金融センター	69%	20%	11%

（資料）UNCTAD 投資・企業課ワーキングペーパー　2015 年 3/26　Fig3 から作成

表.4　広義の計算

		投資受入れ国		
		非オフショア金融センター		
投資国	非オフショア金融センター	57%		
	特別目的会社	31%		
	タックスヘイブン	12%		
投資国		受入れ国		
		非オフショア金融センター	特別目的会社	タックスヘイブン
	非オフショア金融センター	59%	29%	12%

（資料）UNCTAD 投資・企業課ワーキングペーパー　2015 年 3/26　Fig4 から作成

このように、従来とりあげられてきたタックス・ヘイブンのほか、特別目的会社受入センターなど、オフショア金融センターが、大きくとり上げられることになった。

　そして、多国籍企業の海外投資と国際的生産の展開が、税逃れ対策から、その30％、40％といった大きな部分をこれらオフショア金融センターの導管（conduit）をくぐらせるやり方をとるようになっている。

　狭義の計算と広義の計算との比較は次の図1によって示されている。

図1　狭義の計算と広義の計算

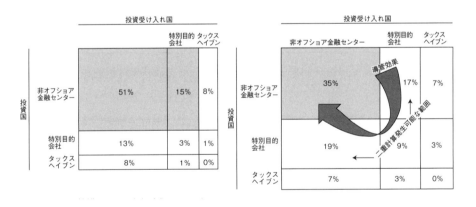

（資料）UNCTAD 投資・企業課ワーキングペーパー　2015年3/26　p10,p13

第3章　多国籍企業の税金逃れ

Ⅳ　日本の現状について

　次に日本の現状について見よう。日銀直接投資残高・証券投資等残高地域別統計によると、オフショア金融センター（OFCs）向け投資がふくれ上がってきている。

（1）　リーマン・ショック前、2006 年、07 年（各年末）直接投資（D.I.）残高、証券投資等は次のとおり。（表 5）

表 5　日本の直接投資（D.I.）と証券投資（P.I.）等　2006 年、2007 年末

	D.I.	P.I.	D.I+P.I.
2006 年末	53 兆 4800 億円	278 兆 7600 億円	332 兆 2400 億円
（1ﾄﾞﾙ=119 円）	4494 億ﾄﾞﾙ	2 兆 3425 億ﾄﾞﾙ	2 兆 7919 億ﾄﾞﾙ
P.I./D.I.=5.2 倍			
	D.I.	P.I.	D.I+P.I.
2007 年末	61 兆 8600 億円	287 兆 6900 億円	349 兆 5500 億円
（1ﾄﾞﾙ=114 円）	5426 億ﾄﾞﾙ	2 兆 5236 億ﾄﾞﾙ	3 兆 0662 億ﾄﾞﾙ
P.I./D.I.=4.7 倍			

　リーマン・ショック後、ポートフォリオ投資（P.I.）は一度落ちこむけれど、2014 年、15 年にはふくれ上がってきている。しかし、日本の直接投資（D.I.）の増大率が大きいので、P.I./D.I. の比率は落ちている。そして、D.I.+P.I. が GDP を上まわるようになったことが注目される。（2014 年 GDP は 401 兆円）

　ここでは、B 証券投資のうちの株式・投資ファンド持分が直接投資を上まわることなどが注目される。

表6　日本の直接投資（D.I.）と証券投資（P.I.）等　2014年、2015年末

	D.I.	P.I.	D.I+P.I.
2014年末	142兆200億円	409兆9400億円	551兆9600億円
（1ﾄﾞﾙ=119円）	1兆1934億ﾄﾞﾙ	3兆4449億ﾄﾞﾙ	4兆6383億ﾄﾞﾙ
	P.I./D.I.=2.9倍		
	D.I.	P.I.	D.I+P.I.
2015年末	151兆6100億円	423兆1600億円	574兆7700億円
（1ﾄﾞﾙ=122円）	1兆2427億ﾄﾞﾙ	3兆4685億ﾄﾞﾙ	4兆7112億ﾄﾞﾙ
	P.I./D.I.=2.8倍		

(2)　次の表7からは、日本の直接投資、証券投資の内訳を見ることができる。

表7　日本の直接投資と証券投資の内訳
世界計　2015年末　　　　　（億円）

A　直接投資	1,516,148
うち株式資本	1,035,937
収益再投資	345,642
負債性資本	134,569
B　証券投資	4,231,589
うち株式・投資ファンド持分	1,536,430
債券（中長期・短期）	2,643,072
A＋B	5,747,700

(3)　多国籍企業（MNEs）が税金逃れのための導管会社を設けるオ

フショア金融センター国については、UNCTAD「世界投資報告書」
（WIR）からさぐることができる。

　レーニンの「帝国主義論」のころからの主要な資本輸出国として、
米国、英国、ドイツ、フランス、四か国について見ると、人口一人
当たり直接投資の平均値は、2015年に対内投資で17,000ドル、対
外投資で22,000ドル。それぞれを基準として見ると次のとおり。

　同年、飛び抜けて大きいのは英領バージン島、対内投資は1624倍、
対外投資は1549倍、ケイマン島は対内投資は337倍、対外投資は
141倍。

　つづいてルクセンブルグ、25倍、16倍。

　この後に、香港13倍、10倍、シンガポール12倍、6倍、アイル
ランド6倍、8倍、スイス6倍、7倍、オランダ2.5倍、3倍、ベル
ギー2.6倍、2倍などがつづく。

（4）　日本について、日銀の統計により見ると、バージン島（最大
の大物）とアイルランドは出てこないが、その他のケイマン、ルク
センブルグ、オランダ、スイス、シンガポール、香港の7か国・地
域がとらえられる。（表8）

　このように、日本からの7か国・地域への直接投資では総計の
18.1％だが、証券投資では総計の25.7％、なかでも株式・投資ファ
ンド持分では46.7％とほとんど半分を占めている。そして、ケイマ
ンの証券投資80兆円、うち株式・投資ファンド60兆円はきわだっ
ている。

　そして、これら7か国・地域は、先述したとおり、海外から受け
入れる投資額がとびぬけて大きいだけでなく、そこから海外へ向け

106

表8　日本から7ヵ国・地域への投資（2016年末）

(億円)

		世界計 a	ケイマン	オランダ	ルクセンブルグ	ベルギー	スイス	シンガポール	香港	7ヵ国計 b	b/a(%)
A	直接投資	1,591,940	35,781	123,747	14,155	21,067	10,719	48,936	33,359	287,764	18.1
	株式投資	1,119,345	31,667	79,496	8,873	13,981	7,938	28,968	22,593	193,516	17.3
	収益再投資	335,808	2,731	28,809	1,695	4,556	939	15,281	8,198	62,209	18.5
	負債性資本	136,787	1,383	15,442	3,587	2,530	1,841	4,687	2,567	32,037	23.4
B	証券投資	4,529,165	799,178	135,908	115,772	35,224	33,011	23,638	22,308	1,165,039	25.7
	株式投資ファンド	1,628,795	600,109	13,012	96,898	2,925	24,503	9,149	14,157	760,753	46.7
	債券	2,900371	199,069	122,896	18,874	32,299	8,507	14,490	8,151	404,286	13.9
	A+B	6,121,105	834,959	289,655	129,927	56,291	43,730	72,574	55,667	1,452,803	23.7

ての投資額もまたとびぬけて大きいところである。

（5）　そこで2015年、日本からの直接投資プラス証券投資総計の約四分の一、約140兆円が、日本の資本の税逃れ対策である導管（conduits）くぐりぬけ投資にあたるものと考えられる。

　日本の対外直接投資収益率は、対中国・対ASEAN諸国で2009-2011年10％をこえている。仮にこの10％をとると、140兆円の利益は14兆円、30％の税率でも4.2兆円の額になる。

第3章　多国籍企業の税金逃れ　　107

あとがき

1．私は2016年4月に、「21世紀の経済危機を考える」の題目で講演をおこなった。その後、この講演の内容と私の研究ノートとを合わせて出版する計画が動き始めた。

　ところが時を同じくして、私の体調が崩れ始めた。私は2002年10月、すい臓がんの手術が早期にやられたおかげで命拾いをした。そして10年以上生き延びたものの、この病後の副産物的諸病が同時多発的に出るようになってきた。その延長線上で体調が一挙に悪化した。

　こういう危機的状態になった時、私の尊敬する学友である宮川彰氏がこの新しい出版のために絶大な力を注いでいただいた。おかげ様でその出版にこぎつけることができたわけである。この機会にあらためて宮川氏に厚い感謝の意を表したい。また、私のくせのある、時にこまかくなる字の多い研究ノートからの入力作業を、山近肇、島長国積、玉木誠也（以上、「Das Kapitalを読む会」）、山本幾猛、阿部克（「東京学習会議」）の五氏がおこなっていただいた。これらの方々に対して厚い感謝の意を表したい。

2．2017年になってから、少しづつ体調がよくなり、ひどくなった視力障害に脳の方がなれてきたのか（？）、独眼流で本を読んだり、経済問題を考えたりする力が回復してきた。そしてようやく本書をまとめることができたように思う。

　本書をまとめるにあたっては、岡部孝次氏から入力や記述改善の数々の助言など、丹念な援助をいただいた。また、数々の資料をとりよせるにあたっては、薄木正治氏、角田真己氏から数々の援助を

いただいた。

　これらの方々に厚い感謝の意を表したい。

　　　　　　　　2018 年　2 月 25 日　　　　　　　　工藤　晃

工藤晃（くどう・あきら）

1926 年生まれ。東京大学理学部地質学科卒業。元衆議院議員。
主な著書
『転機に立つ日本経済』（1971 年、新日本出版社）
『民主連合政府で日本はこうなる』（共編著、1974 年、新日本出版社）
『日本経済と環境問題』（1975 年、大月書店）
『社会科学と自然科学の方法』（共著、1977 年、大月書店）
『日本独占資本主義の現段階を見る』（1986 年、新日本出版社）
『帝国主義の新しい展開』（1988 年、新日本出版社）
『資本主義はどう変わるか』（1992 年、新日本出版社）
『混迷の日本経済を考える』（1996 年、新日本出版社）
『現代帝国主義研究』（1998 年、新日本出版社）［第 24 回野呂栄太郎賞受賞］
『マルクスは信用問題について何を論じたか』（2002 年、新日本出版社）
『経済学をいかに学ぶか』（2006 年、新日本出版社）
『エコノミスト、歴史を読み解く』（2008 年、新日本出版社）
『資本主義の変容と経済危機』（2009 年、新日本出版社）
『マルクス「資本論」とアリストテレス、ヘーゲル』（2011 年、新日本出版社）
『現代帝国主義と日米関係』（2013 年、新日本出版社）
『今日の世界資本主義と「資本論」の視点』（2014 年、本の泉社）
『マルクス『資本論』の視点で 21 世紀世界経済危機の深部を探る』（2017 年、かもがわ出版）

マルクス『資本論』の方法と大混迷の世界経済

2018 年 5 月 5 日　第 1 刷発行

ⓒ著者　工藤晃
発行者　竹村正治
発行所　株式会社　かもがわ出版
　　　　〒 602-8119　京都市上京区堀川通出水西入
　　　　TEL 075-432-2868 FAX 075-432-2869
　　　　振替　01010-5-12436
　　　　ホームページ　http://www.kamogawa.co.jp
印刷所　シナノ書籍印刷株式会社

ISBN978-4-7803-0963-8　C0033